JN234918

お料理をしてください

家庭料理は　だれにでも作れると　思います

「よし　作ろう」と思えば　手抜きなしで　だれにでも　作れます

最初から上手な人は　いません

だれでも　慣れれば　手際がよくなります

時間がない　忙しい　なんて考えないことです

時間がないときは　ややこしい料理はしません

その時々にふさわしい　お料理を作ります

毎日のことだから　ご馳走でない日もあるのです

自分で作れば　安心です　おいしいです

自分を大切にして　丁寧に暮らすことが　料理することです

自然や人のためになることです

料理をしていれば　こころが安心できることに　気づきます

季節のものを食べれば　時間の流れを　感じることができます

今を大切に　暮らしを楽しめます

作れば　だれでも　お料理上手になると　思います

お料理ができれば　幸せです

おいしいもの研究所

料理がわかれば
㊩しくなる、おいしくなる

土井善晴のレシピ100

Yoshiharu Doi's HOME COOKING RECIPE

目次

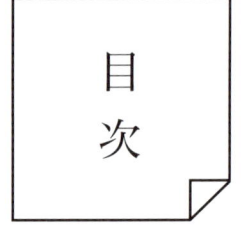

CONTENTS
Yoshiharu Doi's HOME COOKING RECIPE

Message from Yoshiharu Doi

お料理がわかることは
楽しくなること、おいしくなることです　P.4

PART 1　土井先生に教えてほしい10品
Yoshiharu Doi's HOME COOKING RECIPE

レシピ番号		ページ
01	鶏のから揚げ　2種の味つけで	P.6
02	ハンバーグ	P.8
03	鰤（ぶり）の照り焼き	P.10
04	金目鯛（きんめだい）の煮つけ	P.12
05	肉じゃが	P.14
06	豚肉のしょうが焼き	P.16
07	ポテトコロッケ　ねぎみそソース	P.18
08	煮豚	P.20
09	精進揚げ	P.22
10	クラムチャウダー	P.24

PART 2　素材で選ぶレシピ
Yoshiharu Doi's HOME COOKING RECIPE

肉のおかず

レシピ番号		ページ
11	牛肉とにんにくの茎のオイスターソース炒め	P.28
12	ポークチャップ	P.30
13	メンチカツ	P.32
14	ピーマンの肉詰め	P.34
15	酢豚	P.36
16	豚肉の黒酢煮	P.38
17	ビーフシチュー	P.39
18	豚キャベツのみそ炒め	P.40
19	スペアリブの直がつお煮	P.41
20	手羽先のにんにくしょうゆ焼き	P.42
21	鶏そぼろと煮卵	P.43
22	鶏肝の香味煮	P.44
23	レバにら炒めの卵とじ	P.45
24	牛大根	P.46
25	ロールキャベツ	P.47
26	キムチ鍋	P.48
27	ワンタン	P.49

魚のおかず

レシピ番号		ページ
28	鯛（たい）の昆布蒸し	P.50
29	鰤（ぶり）大根	P.52
30	鰯（いわし）の蒲焼き	P.54
31	かに玉	P.56
32	海老チリ	P.58
33	鮪（まぐろ）のカルパッチョ	P.60
34	サーモンのピカタ	P.61
35	秋刀魚（さんま）のぎょうざ	P.62
36	秋刀魚（さんま）のカレー天ぷら	P.63
37	鰯（いわし）のおろし煮	P.64
38	鰯（いわし）のしょうが煮	P.65
39	鯖（さば）のみそ煮	P.66
40	いか豚	P.67

コラム

+1コラム 01
洗い米 P.26

+1コラム 02
魚の水洗い P.68

+1コラム 03
魚をおろす P.69

+1コラム 04
だし汁 P.137

さくいん

材料別料理さくいん P.142

表記について

・材料の分量は、いくつかの例外を除き、原則として4人分です。
・材料表、作り方の計量カップは200ml、計量スプーンは大さじ15ml、小さじ5mlです。
・調理時間は、下ごしらえから料理の完成までの最短所要時間です。材料を洗う時間、乾物の戻し時間、材料の漬け込み時間などが含まれていない場合があります。

PART 3 今日のごはん・めん・パスタ
Yoshiharu Doi's HOME COOKING RECIPE

レシピ番号		ページ
75	親子丼	P.106
76	かぼちゃのカレー	P.108
77	ちらし寿司	P.110
78	パエリア	P.112
79	チャーハン	P.114
80	チキンライス／オムライス	P.115
81	牛丼	P.116
82	自由カレー	P.117
83	アスパラごはん	P.118
84	栗ごはん	P.118
85	鯛（たい）茶漬け	P.119
86	きざみうどん	P.120
87	すいとん	P.122
88	みそ煮こみうどん	P.123
89	マカロニグラタン	P.124
90	ナポリタン	P.126
91	カルボナーラ	P.127
92	お好み焼き	P.128
93	海老焼きそば	P.130
94	冷やし中華	P.131

PART 4 今日の汁・スープ
Yoshiharu Doi's HOME COOKING RECIPE

レシピ番号		ページ
95	野菜スープ	P.133
96	具だくさんのみそ汁	P.134
97	かき玉汁	P.136

PART 5 今日のおやつ
Yoshiharu Doi's HOME COOKING RECIPE

レシピ番号		ページ
98	大学いも	P.139
99	フレンチトースト	P.140
100	トマトのシロップ煮	P.141

野菜のおかず

レシピ番号		ページ
41	筑前煮	P.70
42	里いもと牛肉の煮ころがし	P.71
43	べーじゃが	P.72
44	大根と牛肉の炒めもの	P.73
45	肉ごぼう	P.74
46	きんぴら	P.75
47	野菜のフライパン蒸し	P.76
48	ラタトゥイユ	P.77
49	ポテトサラダ	P.78
50	かぼちゃの直がつお煮	P.79
51	小かぶと鶏だんごのスープ煮	P.80
52	じゃがいも、にんじん、玉ねぎの煮もの	P.81
53	白菜と天ぷらの炊いたん	P.82
54	白菜とツナのクリーム煮	P.83
55	なすの田舎煮	P.84
56	きゅうりとたこの酢のもの	P.85
57	小かぶの漬けもの	P.86
58	野菜と卵のピクルス	P.87
59	ほうれん草の白あえ	P.88
60	ほうれん草のおひたし	P.89
61	ほうれん草のごまあえ	P.89

その他 卵、豆腐、豆、乾物のおかず

レシピ番号		ページ
62	麻婆豆腐	P.90
63	卵コロッケ	P.92
64	ゴーヤーチャンプル	P.94
65	茶碗蒸し	P.96
66	おかずオムレツ	P.97
67	卵焼き	P.98
68	だし巻き卵	P.98
69	チリコンカン風煮豆	P.99
70	豚バラ肉のおから	P.100
71	高野豆腐のオランダ煮	P.101
72	切り干し大根の煮もの	P.102
73	ひじきの五目煮	P.103
74	春雨サラダ	P.104

Message
from
Yoshiharu Doi

お料理がわかることは楽しくなること、おいしくなることです

　ある野菜を煮ものにしようとします。何でもいいですが、とりあえず親しみのある「かぼちゃ」ということにします。そこで、かぼちゃの煮ものを想像してみてください。いかがですか、思い浮かびましたか。皆さんの頭に浮かんでいるそのかぼちゃの煮もの、きっとみんなが違うものでしょう。そういったできあがりの違いは、作り手の違いのほかに、食べる場面や他の料理との取り合わせによって生まれるものです。

　料理するということは、その場面にふさわしいお料理を作ることが大切ですね。ゆえに料理する前に、自分がどんな煮ものを作るのかということを、はっきりとイメージできなければいけません。まず家族の食卓をイメージしてメニューを決めます。お料理が決まれば、素材の引き立て方や味つけが決まるのです。そのためにはこのように切って、素材を軽く炒めるとか、食材の組み合わせをどうするかが決まってくるのです。

　この本の料理名の脇には、その「お料理のできあがりのイメージ」と「料理の季節感」、料理写真の近くには、「調理の狙い」を説明しています。

　なんでもないことですが、料理がわかれば調理を理解できますし、お料理が楽しくなると思うのです。また少しわかれば、どんどんわかるようになると思います。

　この本には、いわゆる時短料理、手抜き料理はありません。だからといって手が込んだものもありません。私たちの日常の暮らしに役立つお料理がおいしくなるようにとしるしました。料理の本は「道具」だと思っています。しっかり使い込んでいただければうれしく思います。

PART 1 土井先生に教えてほしい **10** 品

Yoshiharu Doi's HOME COOKING RECIPE

レシピ No. 01 » 10

| 土井先生に教えてほしい10品 | PART 1 |

Yoshiharu Doi's
HOME COOKING RECIPE

調理の狙いは…

ジューシーで、カラッと、しかもきちんと火を通すことです。冷たい油に鶏肉を入れてから、火をつけて加熱します。低温からゆっくりと温度を上げると、じわりと火が通り、中はジューシーに、外側は色づくとともにカラリと揚がります。

PART 1 土井先生に教えてほしい10品

土井レシピ 01 Yoshiharu Doi's HOME COOKING RECIPE

土井先生に教えてほしい 10品

みんなが好きな人気のから揚げ。どなたでも失敗なくおいしく作れるレシピです。和食として使う時は、紅葉の名所である奈良県の竜田にちなんで、竜田揚げといいます。▶一年中おいしくいただけますが、季節の野菜料理を添えましょう。

鶏のから揚げ 〜2種の味つけで〜

材料 4人分

[いつもの味のから揚げ]
- 鶏もも肉：1枚（約300g）

[下味（1枚分）]
- しょうが（おろす）：20g
- にんにく（おろす）：1片分
- 塩：小さじ1/3
- しょうゆ：大さじ1
- 酒：大さじ1
- こしょう：少々
- 小麦粉、片栗粉：各20g

[カレー味のから揚げ]
- 鶏もも肉：1枚（約300g）

[下味（1枚分）]
- しょうが（おろす）：20g
- しょうゆ：大さじ1
- 酒：大さじ1
- カレー粉：小さじ1
- 小麦粉、片栗粉：各20g

- サラダ菜：4枚

● 揚げ油

■1人分406kcal ■塩分1人分2.0g ■調理時間25分

作り方

● 肉に下味をつける

1 鶏肉は一口大よりも大きめ（1枚を9〜10切れ）に切る。

2 いつもの味とカレー味の下味用調味料をそれぞれ別のボウルに合わせ、鶏肉各1枚分をそれぞれのボウルに入れ、調味料を手でもみこみ、下味をつける（a）。小麦粉を混ぜ、片栗粉をつける（b）。

● 揚げる

3 まずいつもの味のほうから揚げる。小さなフライパンに1.5cmほど油を入れ、常温の油の中に、2の肉を入れて（ポイントc）、火をつけ、揚げていく。こんがりと色よくなれば、取り出す（d）。カレー味も同様に作る。

4 器に盛り合わせ、サラダ菜を添える。

a 調味料をボウルに入れ、肉を加えてなじませ10分おく。

b ついで肉全体に粉をまんべんなくまぶす。

c ポイント 大きめの肉を揚げるので、常温の油からでいい。油の量はフライパンに1.5cm。冷たい油(常温)に入れてから火をつける。

d 最初は強火。温度が上がれば中火。表面が固まれば一度返す。パチパチはねるようであれば温度が上がりすぎなので火を弱める。何度か返しておいしそうな揚げ色がつけば、ジューシーで中まで火が通ったから揚げの完成。

土井先生に教えてほしい 10品

Yoshiharu Doi's HOME COOKING RECIPE

これは日本のハンバーグです。合いびき肉を使った家庭のハンバーグはきちんと火を通しながらも、とてもやわらかく作りたいと思います。▶一年中おいしく食べられるお料理ですが、つけ合わせの野菜は、季節感を大切に旬の野菜を添えましょう。

土井レシピ 02

ハンバーグ

作り方

1 下ごしらえ
玉ねぎはみじん切りにする。
フライパンにサラダ油大さじ1を熱して、
少し色づく程度に炒める。
バットに広げて風を当てて冷ます（a）。

2
食パンをちぎってボウルに入れ、牛乳を加えて浸す。

3 肉種を作る
ボウルに合いびき肉、食パン、玉ねぎ、卵、塩、
こしょう、ナツメグを入れて（ポイントb）
粘りが出るまで混ぜる（c）。生地を4等分にする。
大皿にサラダ油をたっぷりとぬり、
手にも油をつけて、生地をまとめる。
両手で手のひらに軽く打ちつけるようにして形をまとめる。

4 焼く
フライパンにサラダ油大さじ1を熱し、
ハンバーグ生地を入れる（d）。中火で焼き色をつけて裏返す。
火加減を弱火にし、ふたをして7〜8分蒸し焼きにして火を通す。

5 ソース
小鍋にソースの材料を入れ、ひと煮立ちさせる。
火を止めて練りがらしを加え、仕上げる。

●つけ合わせ
[キャベツのカレーボイル] キャベツ1/5個（260g）は大きな短冊に切る。鍋に水1カップ、キャベツを入れて、塩小さじ1/2、カレー粉小さじ2、オリーブ油大さじ1を入れて、煮立ててときどき混ぜながら中火で火を通す。
[じゃがいものソテー] じゃがいも4個は皮をむいて1.5〜2cm厚さに切る。鍋でじゃがいもを水からゆで火を通す。ある程度やわらかくなれば火を止めて余熱で火を通すと煮くずれしにくい。フライパンにサラダ油大さじ1、バター10gを中火で熱して水けをきったじゃがいもを入れ、薄塩をして、両面をこんがり焼いて火を通す。

材料 4人分

合いびき肉	500g
玉ねぎ	大1個（300g）
食パン（6枚切り）	1枚
牛乳	1/2カップ
卵	1個
塩	小さじ1
こしょう	小さじ1/3
ナツメグ	小さじ1/3

[ソース]

トマトケチャップ	2/3カップ（150g）
ウスターソース	大さじ2
赤ワイン	大さじ1
練りがらし	小さじ1

●サラダ油

■1人分502kcal ■塩分1人分4.0g ■調理時間25分

a 玉ねぎは強火で短時間で炒める。炒め加減はほんの少し色づく程度。余分な水分を飛ばすため、粗熱をとる。

c 白っぽくなって、粘りが出てきて、少し糸をひくくらいまで、混ぜる。

b ポイント 
合いびき肉に玉ねぎ、牛乳に浸した食パン、卵。このバランスがおいしさを作る。

d 形作ったらサラダ油をたっぷりぬったお皿に並べ、滑らせてフライパンへ。

PART 1 土井先生に教えてほしい10品

調理の**狙い**は…

ふわりとやわらかく大きなまま焼き上げることです。合いびき肉に食パンを合わせ、手で持てないほどやわらかい肉種を、弱火で、肉が縮まないように火を通します。つけ合わせには、油を使わないボイルした野菜を添えます。

調理の狙いは…

切り身の鰤にしっとりと火を通して、濃厚なたれをからめることです。できれば、鰤の切り身は肉厚に切って、焼き色をつけ、ごく弱火で火を通す。火が通ればふたを取ってしっかりとたれを煮詰めます。たれは焦がすと苦くなるのでご注意を。

PART_1 土井先生に教えてほしい10品

土井レシピ **03**

Yoshiharu Doi's HOME COOKING RECIPE

脂ののった腹身、スッキリとした背の身、お好みをフライパン一つで照り焼きにします。▶冬を中心に鰤（ぶり）は出回ります。通年出回る幼魚「わらさ」でも作れます。鰤は成長にしたがい名前が変わる出世魚です。

土井先生に教えてほしい 10品

鰤の照り焼き

材料 4人分

鰤（ぶり） ： 4切れ
（1切れ約90〜100g）

[照りじょうゆ]
しょうゆ ： 大さじ3
砂糖 ： 大さじ2
みりん ： 大さじ1
酒 ： 大さじ3

● サラダ油

■1人分307kcal ■塩分1人分2.1g ■調理時間15分

作り方

焼く

1
フライパンにサラダ油大さじ1を熱し、
盛りつけた時に表になるほうを下にして
鰤を並べ入れ（a）、中火で焼く。
焼き色がつけば返して裏側も焼き、
たまった脂をふき取る（b）。

2
1に、
照りじょうゆの材料を加え、
ふたをしてごく弱火で約8分蒸し焼きにする
（ポイントc）。

煮汁をからめる

3
鰤に火が通ればふたを取り、
火を強めてフライパンを大きく動かしながら
煮汁をからめ、照りよく仕上げる（d）。

a 表になるほうを先に焼いていく。焼き色がつけば返す。鰤の焼き色が照りじょうゆの下地になるので、焼き色はきちんとつける。

b 照りじょうゆがからみやすくなるように、余分な脂は除く。

c ポイント 照りじょうゆを入れて弱火で蒸し焼きに。火加減は煮汁がぶつぶつと煮立つくらい。火が強いと魚が縮む。

d 仕上げは、煮汁を魚全体にかけながら煮詰める。おいしそうにからめばできあがり。

土井先生に教えてほしい 10品

Yoshiharu Doi's HOME COOKING RECIPE

切り身さえ買って帰れば、あっという間にできる主菜です。
金目鯛（きんめだい）はやわらかく、身離れがよくて食べやすい魚です。
▶通年、他のいろいろな魚の切り身で同様に作れます。

土井レシピ 04

金目鯛の煮つけ

作り方

● 下ごしらえ

1
金目鯛は皮目に切り込みを入れる（a）。
※尾が気になる場合は、
折って煮られるように切り込みを入れてもよい（b-1,2）。
こんにゃくは、一口大にスプーンでちぎって、下ゆでする。
しょうがは皮をむかずに輪切りにする。

● 煮る

2
広口の鍋（ここでは直径26cmの鍋を使用）に
煮汁の材料を入れて中火で煮立て、こんにゃくを加え、
金目鯛を入れて煮汁を回しかけ、表面に火を通す。
しょうがを散らし入れ、
落としぶたをして中火で8〜10分ほど煮る。
ときどき煮汁を回しかける（ポイントc）。

● 煮汁をからめる

3
煮汁を全体に回しかけながら、
照りよく仕上げる。

材料 4人分

金目鯛（きんめだい）	4切れ（1切れ約100g）
こんにゃく	1/2枚
しょうが	30g

[煮汁]

水	1カップ
酒	1/3カップ
砂糖	大さじ3
みりん	大さじ2
しょうゆ	大さじ3

■1人分238kcal ■塩分1人分2.1g ■調理時間25分

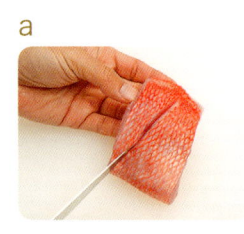

a 切り身は水けをふきとって、飾り包丁を斜めに入れる。深さは厚みの1/2くらいまで。

b-1 / b-2 尾に縦に切り込みを入れ、身を折って切り身の姿をかっこよくするテクニック。

c ポイント 煮つけの基本は、落としぶたをして煮汁が効率よく回るように強火で煮ること。仕上げは落としぶたを取って、煮汁を回しかけながら煮詰め、煮汁をとろりとさせる。

PART 1 土井先生に教えてほしい10品

調理の狙いは…

切り身にちょうど火が通った時に、煮汁がとろりと煮詰まることです。煮つけは、強火で火が通ればできあがり。もう少し煮汁をとろりとさせたい時には、切り身は取り出して煮詰める方法もあります。

調理の狙いは…

野菜の水分だけで
ほくほくしたおいもの魅力を生かし、
甘辛味をしっかりとつけることです。
水分を入れずに少量のお酒だけで、
蒸し煮にして火を通します。
味の濃くついたところと、ついていないところの
メリハリがアクセントとなっておいしいのです。
均一に煮上げようと思わなくてよいのです。

土井レシピ **05** | Yoshiharu Doi's HOME COOKING RECIPE

水やだし汁を使わないので、ほくほくとした野菜の味がしっかりしておいしいです。▶一年中ある素材ですが、初夏から夏の玉ねぎやじゃがいもがみずみずしい季節は作りやすく、格別おいしいです。

土井先生に教えてほしい 10品

肉じゃが

材料 4人分

牛切り落とし肉またば薄切り肉	200g
じゃがいも	3個 (400g)
玉ねぎ	2個 (400g)
しらたき	200g
青ねぎ	3本
酒	2/3カップ
砂糖	大さじ3
みりん	大さじ2
しょうゆ	大さじ3

●サラダ油

■1人分 344kcal ■塩分1人分 2.0g ■調理時間 30分

a 玉ねぎはくし形に切る。芯を残して切れば、ばらばらにならず煮上がりがきれい。

c ポイント 野菜の水分だけで火を通すことで、ほくほくした食感に煮上がります。

b じゃがいもを炒めてなじませる。表面に火を通してから煮ると、おいしくなる。

作り方

1 下ごしらえ

牛肉は、食べやすく切る。
じゃがいもは皮をむいて3つに切る。
玉ねぎは皮をむき、芯を残してくし形切りにする（a）。
青ねぎは4～5cm長さに切る。

2

しらたきはゆでて水に取り、
十字に包丁を入れ
食べやすい長さにする。

3 炒める→煮る

ふたのきちんとできる鍋（文化鍋など）に
サラダ油大さじ1を熱して、
じゃがいもを表面が透き通る程度に炒め（b）、
次に玉ねぎ、しらたき、牛肉を入れる。
すぐに酒を入れて（ポイントc）、
砂糖、みりんを全体にふり入れ、
ふたをして15分中火で煮る。

4

しょうゆを加えて、
ふたをして5分間煮る。
仕上げに青ねぎを入れてさらに2～3分煮る。

土井先生に教えてほしい 10品

Yoshiharu Doi's HOME COOKING RECIPE

土井レシピ 06

しょうが焼きでご飯をくるんで食べる楽しみ。あっさりとした野菜をくるんでほおばるおいしさ。豚肉には少し濃厚な味をからめます。▶いつでもおいしいしょうが焼きには、蒸しキャベツや蒸しレタス、添え野菜で変化をつけます。

豚肉のしょうが焼き

作り方

つけ合わせを作る

1
キャベツは短冊に切り、フライパンに入れ、
分量の水、オリーブオイル、塩ひとつまみを入れて、
ふたをして強火で蒸し煮にする（a）。

肉に下味をつける

2
豚肉は皿に並べて
合わせたAを回しかけ、下味をつける。
Bは合わせておく。

焼く

3
フライパンにサラダ油大さじ1を熱し、
豚肉にごく軽く片栗粉をつけて（ポイントb）、焼く。
焼き色がついたら途中で返して裏面を焼く。
先に入れ、両面に焼き色がついたものは端に寄せ、
サラダ油少々を足して次の豚肉を焼いていく（c）。

味をからめる

4
すべての豚肉に焼き色がついたら、
Bを全体に回しかけ、軽く煮詰める。

盛る

5
器に蒸しキャベツを敷いて、肉を盛る。

材料 2人分

▲一度で焼ける量。4人分作りたいときは倍量を2回に分けて焼きます。

豚肩ロース しょうが焼き用肉	220g（約6〜8枚）
A	
しょうゆ	大さじ2/3
酒	大さじ2/3
しょうが汁	大さじ2/3*
片栗粉	適量
B	
砂糖	大さじ2/3
しょうゆ	大さじ2/3
酒	大さじ3
おろししょうが	20g分（Aの*とあわせて）

[つけ合わせ／蒸しキャベツ]

キャベツ	300g
水	1/4カップ
オリーブオイル	大さじ1
塩	ひとつまみ

●塩、サラダ油

■1人分490kcal ■塩分1人分2.1g ■調理時間25分

a
つけ合わせのキャベツの蒸し煮。少量の水、オリーブオイル、塩少々で強火にかける。煮立てばざっくり一度ひと混ぜする。

b ポイント
下味をつけた豚肉に、両面軽く片栗粉をまぶしてフライパンに入れる。つきムラを気にせず少しつけばよい。粉が多いとできあがりがドロドロした感じになる。

c
両面に軽く焼き色をつけて焼いていく。焼けたものはフライパンの向こう側に寄せて、順序よく火を通していく。

PART 1 土井先生に教えてほしい10品

調理の狙いは…

しょうがだれをさらりとほどよくからめることです。下味をつけた肉に軽く粉をまぶしますが、つきムラがあっても気にしないこと。たれを入れたら、強火で鍋を振って煮詰め、肉にタレをからめます。

調理の狙いは…

軽くてさくさくした衣のコロッケ。
おいしい食パンをミキサーにかけた
自家製パン粉をつけて、
きれいなサラダ油でサクッと揚げます。
おいもの味を引き立てるねぎみそを添えました。
家庭のコロッケは、
ラードで揚げたお肉屋さんの
濃厚なコロッケとは違います。

PART 1 土井先生に教えてほしい10品

土井レシピ 07 | Yoshiharu Doi's HOME COOKING RECIPE

お肉を使わないから、おいものおいしさがわかるのです。
ねぎみそをつけることで味のバランスがとれて満足です。
▶いろいろな種類のじゃがいもで。つけ合わせには旬野菜を添えます。

土井先生に教えてほしい 10品

ポテトコロッケ ねぎみそソース

材料 4人分

じゃがいも ：400g
玉ねぎ ：1/2個（150g）

[衣]
小麦粉、溶き卵、パン粉 ：各適量

[ねぎみそソース]
ねぎ ：1本（70g）
信州みそ ：50g
砂糖 ：大さじ1

[つけ合わせ]
ブロッコリー ：適量

●塩、こしょう、サラダ油、揚げ油

■1人分306kcal ■塩分1人分2.0g ■調理時間40分

ポイント

a じゃがいもは煮くずれないように、しかし完全に火を通すこと。表面が煮くずれそうなのにまだ芯がある場合は、火を止めて余熱（10〜15分）で火を通す。

b じゃがいもは熱いうちにつぶす。

c まず、形作ったじゃがいも全部に小麦粉をまぶし、よくはたく。ついでひとつずつ、卵、パン粉をつける。パン粉は手作りすることで劇的においしくなる（→P33）。

d 揚げ油はコロッケが完全に浸る量が目安。

作り方

1 具を準備する

じゃがいもは皮をむいて3等分に切り、やわらかくなるまで、水から約20分ゆでる（ポイントa）。
※ゆでている途中で煮くずれそうなら、火を止めて余熱で火を通すとよい。
玉ねぎはみじん切りにしてサラダ油大さじ1を熱してよく炒める。

2

じゃがいもは水けをきってボウルに移し、木べらなどで切るようにつぶす（b）。
塩小さじ1/4、こしょう少々をふって粗熱をとる。
玉ねぎをこのボウルに加え、じゃがいもと合わせ、なじませる。

3 衣をつける

2を10等分して好みの形にまとめ、小麦粉、溶き卵、パン粉（手作りするとさらにおいしい。→P33）の順につける（c）。

4 揚げる

フライパンに揚げ油を180℃に熱して、3を入れる。
衣が色づいてきたら裏返し、さらに2〜3分かけてこんがりと揚げる（d）。

5 ソースを作る

ねぎは小口切りにし、さらに包丁でたたいて細かくする。
いただく直前にみそ、砂糖と混ぜ合わせてソースを作る。
4を器に盛り、色よくゆでたブロッコリーとソースを添える。

土井先生に教えてほしい 10品

Yoshiharu Doi's HOME COOKING RECIPE

土井レシピ 08

熱いうちに食べれば煮豚。冷たくなれば焼豚のようになって、作り置きのきくおかずになります。▶通年楽しめます。作りたては、豚の煮汁で食べるとおいしい、ゆで野菜を添えます。

煮豚

材料 4人分

材料	分量
豚肩ロース肉（かたまり）	600g
A	
老酒（なければ泡盛、酒）	1/2カップ
米酢	1/4カップ
砂糖	大さじ4
水	3カップ
しょうが	20g
ねぎ	1本
にんにく	1片
しょうゆ	大さじ4
せり	1束
●サラダ油	

■1人分510kcal　■塩分1人分2.8g　■調理時間1時間10分

作り方

下ごしらえ
1
ねぎは3cm長さに切る。
しょうが、にんにくは洗ってたたいて軽くつぶす。
豚肉は2つ切りにする。

焼き色をつける
2
フライパンにサラダ油大さじ1を熱して、豚肉の表面に焼き色をつける（ポイントa）。

煮る
3
煮込み鍋に移し、Aを入れて、強火にかけ、アクを取る。火を弱めて落としぶたをして弱火で20分煮る。

4
3にしょうゆを加えて（b）、そのまま40分ほどふつふつとやさしく煮立つ火加減でやわらかく煮る。

5
落としぶたをとり、煮汁をとろりとするまで煮詰めて（c）、火を止める。切って器に盛り、さっとゆでて水にとり、水けをしぼってから食べやすく切ったせりを添える。

ポイント

a 煮る前に肉の表面を焼き、肉の旨味を閉じ込める。

b 20分煮てから、しょうゆはあとから加える。

c  煮上がりの様子はこのくらい。照りも出てくる。「おいしそうだなぁ」と思う瞬間を大事に火を止める。

冷めて味がなじんだほうがおいしい煮豚。冷蔵庫で冷やして、薄くスライスして食べるのも美味。

PART 1 土井先生に教えてほしい10品

調理の**狙い**は…
しっとりと、お肉にちょうどよく火を通して、濃い煮汁を煮詰めてからめます。温かいうちなら厚切りに、冷蔵庫で冷たくなったものは薄く切ります。

> **調理の狙いは…**
>
> 精進揚げは、野菜だけでお肉がなくても満足できるように工夫したものです。揚げたてでなく冷めてもおいしく食べられるようにするには、薄力粉と卵と冷水だけで衣を作ること。軽くて胃にもたれない、素材のおいしさを楽しむ天ぷらの原点です。

土井レシピ 09

精進揚げ

Yoshiharu Doi's HOME COOKING RECIPE

少しの野菜でたくさんの人が楽しめる主菜になります。人が大勢集まる日によく作ります。精進揚げはおいしくて、夏でもきちんと加熱する料理なので安心です。
▶季節によって野菜を選べば、いつでもおいしく食べられます。また、種類を1種にすれば、小さなフライパンでも揚げられて、普段のおかずになります。

土井先生に教えてほしい 10品

材料 4人分

れんこん	: 1節（100g）
さつまいも	: 中1/4本（70g）
なす	: 1〜2本
ごぼう	: 1/2本（100g）
さやいんげん	: 1パック（100g）

[衣]

| 小麦粉 | : 100g |
| 卵水（卵1個＋冷水） | : 160ml |

[天つゆ]

しょうゆ、みりん	: 各1/4カップ
水	: 1カップ
削りがつお	: 5g
昆布（5cm角）	: 1枚

天つゆの作り方：材料をすべて鍋に入れて中火以下にかけ、ひと煮立ちしたら火を止め、ふきんを敷いた網でこす。

| 大根おろし | : 適量 |

●小麦粉、揚げ油

■1人分477kcal ■塩分1人分2.2g ■調理時間25分

作り方

1 下ごしらえ
れんこんは皮をむき、8mm厚さに切り、水に浸してアクを抜く。
さつまいもは8mm厚さに切り、水に浸してアクを抜く。
なすは1cm厚さに切る。
ごぼうは7cm長さに切って、縦2〜3mm厚さに切る。
さやいんげんはヘタを切り取る（a）。

2 衣を作る
小麦粉100gは一度ふるっておく。
卵と冷水は合わせてボウルに入れ、よく溶きほぐす。
そこに小麦粉を一気に加え、
粘りけが出ないように泡立て器で軽く混ぜる（b）。

3 揚げる
揚げ油を165℃に熱し、
それぞれの野菜に軽く小麦粉をまぶし（ポイントc）、
衣をつけながら色よく揚げる（d）。
途中天かすが多くあれば取り除く。

4 盛る
器に盛り合わせ、
温かい天つゆと大根おろしを添える。

a 野菜の形はそれぞれ。このように食べやすく切る。この中でごぼうやいんげんは、2〜3本ずつくらいを合わせて揚げる。

b 混ぜすぎると小麦粉の粘りが出るので、あくまで軽く混ぜるのがポイント。粉が少し残って見えるくらいでよい。

c ポイント 小麦粉をつけると、衣のつきがよくなる。

d 衣をつけた野菜は、泳がせるようにシュッと揚げ油に入れると、表面に表情が出て楽しく仕上がる。

土井レシピ 10

土井先生に教えてほしい 10品

Yoshiharu Doi's HOME COOKING RECIPE

あさりの缶詰を使った、手軽なホワイトソースをベースにしたチャウダーです。
具だくさんのスープですから、これだけでも軽い食事になります。
▶ 貝の旬は春ですが、缶詰ですから通年おいしく作れます。

クラムチャウダー

材料 4人分

玉ねぎ	大1/2個（150g）
にんじん	1/2本（120g）
じゃがいも	1個（150g）
ブロッコリー	1/2株（100g）
ベーコン（薄切り）	60g
水	3カップ
あさり缶	180g（内容量）

[ホワイトソース]

バター	20g
小麦粉	20g
牛乳	1カップ
クラッカー（好みで）	適量

●サラダ油、塩、こしょう

■1人分265kcal ■塩分1人分1.7g ■調理時間25分

作り方

1 材料を切る
玉ねぎは色紙切り*に、にんじんは皮をむいていちょう切りに、じゃがいもは皮をむいて、さいの目切りにする。ブロッコリーは小切りにする。ベーコンは2cm幅に切る。（a）

2 炒める→煮る
鍋にサラダ油大さじ1を熱して、ベーコン、玉ねぎ、にんじんを軽く炒め、じゃがいも、ブロッコリー、分量の水を加え（b）、強火で煮立ててアクを取り、塩小さじ1/2を加え、強い火でやわらかくなるまで8分煮る。

3 ホワイトソースを作る
別の小鍋にバターを入れて火にかけ、十分に煮立てる。小麦粉を入れて手早く混ぜる（c-1）。牛乳の1/3量を加えて手早く混ぜて、ねっとりとしたクリーム状にし、それが十分に熱く煮立つまで火を通す（ポイントc-2）。さらに牛乳の1/3量を加えて同様にし、火を通す。最後にもう一度残りの牛乳を加え、同様にし、火を通す。

4 あさりを加えて仕上げる
2にあさりの缶詰を缶汁ごと加え、ホワイトソースを入れて火にかけ、よくなじませ、塩、こしょうで味を調える。ひと煮してすすめる。好みでクラッカーを添える。

a　材料ははじめに切っておくと手順がよい。火を通すタイミングが同じ材料は、同じ時間で火が通る大きさにするように準備する。

b　ベーコン、玉ねぎ、にんじんは炒めてから、火が通りやすいじゃがいもとブロッコリーは炒めずに水を入れて煮ていく。

c-1　バターに小麦粉を加えたら、泡が沈むくらいまで火を入れる。

c-2 ポイント　バターに小麦粉を入れるときと3回に分けて牛乳を入れるとき。どの工程でも、必ずよく煮立たせて火を通してから次に進むこと。

*色紙切り：幅1cmほどに切った玉ねぎを縦に置き、横に約1cm幅に切り、右端から薄切りにする。

調理の狙いは…
やわらかく煮た野菜とおいしいホワイトソースを合わせること。ホワイトソースのおいしさは粉にしっかり火を通すことです。ルーは少し色づくくらいに火を通したほうがおいしいです。

+1 COLUMN　01

［洗い米］を知っていますか？

by Yoshiharu Doi

　ご飯をおいしく炊くためには、「お米にこだわる」「よい水で炊く」「土鍋で直火炊きする」「マイコン炊飯器もすごい」とかいろいろ思いつきますね。でも、私が一番大切にしていることは、「洗い米」にすることです。それは日本の伝統のご飯の炊き方です。

　乾物である米は、表面についている糠（ぬか）を落とすために洗います。洗った米はざるに上げます。ざるに上げることで、表面に付着した水分を吸水させながら、同時に余分な水分を飛ばします。冬場なら1時間、夏場なら30分ほどがよいです。水分を吸収した米は、ふっくら2割ほど量（カサ）を増やします。これが洗い米です。触ればしっとり気持ちよくて、白くてとても美しいものです。

　この洗い米を、新しい水で水加減してふつうに炊くのです。だから、ご飯はすっきりと雑味がなくて、お米のほんとうの真味が味わえます。同じお米でも確実に2割増しくらいはおいしくなるのです。

　ちなみに洗ったお米を水に浸けたままにして炊き始める人も多いですが、常温の水に長く浸けると、米はすぐに発酵を始めて雑菌が発生するのです。その分食味が落ちます。洗い米にして一度「けじめ」をつけて、新しい清い水で炊くことで、お米は何ものにもじゃまされずおいしいご飯になります。

　洗い米をおいしく保つには、ちょうどしっとりと吸水した時点で、ポリ袋に入れてください。それを冷蔵庫で炊くまでの間、保存します。これをしないでざるにおいたままにすると、米は再び乾燥してひびが入って、割れ米になってしまいます。そうなるとおいしくは炊けません。でもポリ袋に入れた洗い米は、明日の朝でも、明日の夜でも（明後日でもまぁ大丈夫です）おいしく炊けるのです。要するに、［自家製無洗米］ができるのです（洗ってますけど。ちなみに市販の無洗米も乾物ですから、炊く前に30分以上は水に浸けなければなりません）。

　洗い米は、とても便利です。朝早くからご飯を炊く時も、会社から帰ってすぐにご飯を炊く時も、水加減していきなりスイッチを入れるだけです。準備万端ととのった洗い米は、炊飯器の早炊きモードで炊いてください。

ご飯炊きの手順

1　米を洗う。
2　ざるに上げる。夏場30分、冬場1時間、だいたい40〜45分くらい。
　　途中で一度、天地を返し混ぜる。
3　洗い米をポリ袋に入れる。
4　水加減する。洗い米と同体積が基本。
　　（お茶碗1杯の洗い米には、お茶碗1杯の水）
5　スイッチを入れる。
6　炊きあがれば、底から混ぜてご飯をおこす。
7　できれば、おひつに移す。おひつに移すとご飯はおいしくなる。

PART 2	素材で選ぶレシピ
	Yoshiharu Doi's HOME COOKING RECIPE

レシピ No.11 » 27

肉 のおかず

レシピ No.28 » 40

魚 のおかず

レシピ No.41 » 61

野菜 のおかず

レシピ No.62 » 74

その他 卵、豆腐、豆、乾物のおかず

素材で選ぶレシピ：肉　PART 2

Yoshiharu Doi's
HOME COOKING RECIPE

調理の狙いは…
2種の素材に適切な火を入れること。
素材を別々に順番に炒めて
最後に合わせてなじませます。

PART-2 素材で選ぶレシピ：肉 / 肉のおかず

土井レシピ **11**

Yoshiharu Doi's HOME COOKING RECIPE

ご飯がほしくなる牛肉と歯ごたえのある野菜の、濃いめの味の炒めものです。
▶にんにくの茎は春から夏に出回ります。アスパラガス、大根などでもおいしくできます。

牛肉とにんにくの茎の　オイスターソース炒め

材料 4人分

牛薄切り肉 ： 160g

[下味]
砂糖 ： 大さじ1
しょうゆ ： 大さじ1

にんにくの茎 ： 2束（200g）
オイスターソース ： 大さじ1
黒こしょう ： 少々

●塩、サラダ油

■1人分178kcal　■塩分1人分1.4g　■調理時間12分

作り方

1　下ごしらえ
牛肉は食べやすく切り、
砂糖、しょうゆで下味をつける（a）。
にんにくの茎は5cm長さに切る。

2　炒める
フライパンにサラダ油大さじ1を熱して、
にんにくの茎を入れて炒め、
塩少々をして（ポイントb）、
八分通り火を通し、一度取り出す。

3　炒め合わせる
サラダ油大さじ1を補い、牛肉を炒め、
オイスターソース、黒こしょうをして、
にんにくの茎を戻して塩少々をし（c）、炒め合わせる。

a　牛肉にはまず下味を。

b　ポイント　にんにくの茎を広げて、少し焼き色がつくまでしばらくそのままおく。そのあと返して焼くという感じで火を通す。必要以上に触らないこと。一度取り出す。

c　牛肉も同様に炒め、少し赤みが残るくらいでにんにくの茎を戻し、さっと塩をふったら完成。

肉のおかず

Yoshiharu Doi's HOME COOKING RECIPE

土井レシピ **12**

フライパンひとつで作る、豚ロース肉の煮込み料理です。ケチャップベースですが、大人の味に仕上げています。
▶いつでもおいしくいただけますが、煮詰め加減を調整して、寒い季節は濃厚な味に、暑い季節は軽めの味に仕立てます。

ポークチャップ

作り方

下ごしらえ
1
玉ねぎは色紙切り（→P24）、
マッシュルームは3mm厚さほどの薄切りにする。
豚肉は筋切りをして両面に塩、こしょうし、
ガーリックパウダー、小麦粉をまぶして下味をつける。

焼く
2
フライパンにサラダ油大さじ1を中火で熱し
豚肉を入れ、両面に焼き色をつける。
一度取り出す。

ソースで煮る
3
フライパンにサラダ油大さじ1/2、
バター10gを熱して玉ねぎに焼き色をつけ、
マッシュルームを炒め、ケチャップを加えて炒め（ポイントa）、
赤ワインを入れ、さらに豚肉、米酢を入れて（b）、
弱火で6〜7分煮る（c）。
お湯にくぐらせたグリンピースを合わせる。
器に盛り、パスタを添えてすすめる。
別皿でもよい。

材料 4人分

豚肩ロース肉（1cm厚さ）	4枚（1枚130g）
[下味]	
塩、こしょう	各少々
ガーリックパウダー	少々
小麦粉	適量
玉ねぎ	中1個（220g）
生マッシュルーム	100g
トマトケチャップ	1/2カップ
赤ワイン	1カップ
米酢	1/4カップ
グリンピース（冷凍）	100g
パスタ（ゆでる）	適量

●サラダ油、バター

■1人分686kcal ■塩分1人分1.7g ■調理時間25分

a ポイント
豚肉を焼いたフライパンに玉ねぎを入れて焼き、焦げ目をつける。ケチャップを加えてからもまた焼く。これでソースの味に深みがつく。

b
米酢を入れることで、さっぱりとしたすっきり元気な味になるだけでなく、酢の持つ効果で肉がやわらかくなる。

c
肉を戻し入れ、肉となじませるように豚肉に火を通せばできあがり。

家族みんなが大好きな、家庭の味。

30

PART.2 素材で選ぶレシピ：肉

調理の狙いは…
肉をやわらかく煮込んで、コクのあるソースに仕上げることです。ロース肉は、焼き色をつけて一度取り出す。玉ねぎの火入れは、焼き色をつけ、ケチャップもしっかり焼くことで色合い深くコクのあるソースになります。

調理の**狙い**は…

牛ミンチを使って軽い味わいに仕上げることです。つなぎには粉を使わず卵だけ、玉ねぎを炒めないでシンプルに作ります。肉の旨味を楽しむなら、ソースよりもおしょうゆが肉の味を引き立てるので、おいしいと思います。

玉ねぎとひき肉がぎっしり！
ソースをかけるかしょうゆをかけるかはお好みで。

土井レシピ 13 | Yoshiharu Doi's HOME COOKING RECIPE

肉のおかず

とても大きなメンチカツですが、あっさりと1人前食べられる軽さです。
▶通年おいしくいただけますが、つけ合わせは旬のボイル野菜を添えましょう。

メンチカツ

[材料 4人分]

[肉種]
- 牛ひき肉（赤身） ： 500g
- 玉ねぎ ： 大1個（300g）
- 塩 ： 小さじ1/2
- 卵 ： 1個
- こしょう、ナツメグ ： 各少々
- 小麦粉 ： 適量
- 溶き卵 ： 適量
- 生パン粉（ポイントa） ： 適量

ポイント
パン粉は手作りで。おいしい食パンで作ったパン粉はおいしい。おいしいパン粉で作ったカツは、やっぱりおいしい。

[つけ合わせ]
- 大豆もやし ： 適量
- ブロッコリー ： 適量
- トマト ： 2/3個
- レモン ： 2/3個
- ●揚げ油、塩

■1人分567kcal ■塩分1人分1.2g ■調理時間25分

[作り方]

●切る
1
玉ねぎは粗く刻む。

●肉種を作る
2
肉種の材料をすべてボウルに入れ、
粘りが出るまでしっかり練る（a）。
4等分にして形を整え、
小麦粉、溶き卵、生パン粉の順に衣をつける（b）。

●揚げる
3
フライパンに揚げ油を2～3cmほどの深さに入れ、
常温の油から2を入れ、中火にかける（c）。
途中で返しながら、
両面にこんがりとした焼き色をつけながら火を通す。
15分ほどかけてゆっくり火を通す。
つけ合わせを盛って、あしらいを添える。

●つけ合わせ
大豆もやしは6分間ゆでる。できあがりごろにブロッコリーもいっしょにゆでる。ゆで上がれば塩少々をする。

a
よく練った肉種に、粗く刻んだ玉ねぎを最後に合わせる。押さえつけて折り重ねるように。

b
4等分にまとめ、小麦粉、さらに溶き卵、パン粉をつける。

c
油からメンチカツの上部が出ていてもよい。常温の油に入れて強火にかける。焼き色がつけば返す。のち中火にして火を通す。

肉のおかず　　　　　Yoshiharu Doi's HOME COOKING RECIPE　　土井レシピ 14

玉ねぎたっぷりの豚だんごのおいしさは、ピーマンの青い香りによく合います。
▶一年中出回るピーマンですが、旬の夏は、やっぱりやわらかくて、香りがよくておいしいです。

ピーマンの肉詰め

材料 4人分

- ピーマン ： 8〜10個
- 小麦粉 ： 適量

[肉種]
- 豚ひき肉 ： 200g

A
- しょうゆ ： 大さじ1
- みりん ： 大さじ1
- ごま油 ： 大さじ1
- 塩 ： ひとつまみ（小さじ1/4）
- しょうが汁 ： 10g分

- 玉ねぎ ： 1個（250g）
- 片栗粉 ： 1/3カップ

- からしじょうゆ ： 適量

●サラダ油

■1人分269kcal　■塩分1人分1.6g　■調理時間20分

作り方

1 肉種を作る
玉ねぎはあられ切りにする。
肉種の豚ひき肉は手でこねて粘りを出し、
Aを加えてさらに練る。
玉ねぎに片栗粉をまぶして、肉種と合わせ（a）、
押さえつけるように混ぜ合わせる（b）。

2 下ごしらえ
ピーマンは縦半分に切って、種を除く。
茶こしに小麦粉を入れ、
ピーマンの内側にふるいつける（c）。

3 焼く
サラダ油大さじ1を熱したフライパンに、
肉種を詰めたピーマンを、肉の面を下にして
押し付けるようにして並べていく（ポイントd）。
フライパンに入りきらない場合は、2回に分けて焼く。
肉種に焼き色がつけば、裏返し、
熱湯を1/3カップ入れて
蒸し焼きにする。ふたを少しずらしておく。

4
フライパンの蒸気が少なくなって、
肉詰めに火が入れば、水分を飛ばして皿にとる。
小皿にからしじょうゆを添える。

a　肉種をよく練って、最後に片栗粉をまぶした玉ねぎを入れる。片栗粉は玉ねぎの水止めに、また口当たりをよくする。

c　ピーマンの内側にふるう小麦粉は、肉種とピーマンの接着剤。

b　玉ねぎの片栗粉が落ちないように、押さえつけて合わせていく。

d　ポイント
フライパンに油を入れ中火で熱する。ピーマンに肉種を適当にのせてフライパンにギュッと押さえつけ、ここで肉種とピーマンをくっつける。火をつけた中での作業なので、手早くどんどん入れる。

調理の狙いは…

ピーマンのみずみずしさと風味が際立つような、肉種の軽さ。
肉種の詰め加減は、ピーマンにのせてフライパンに押さえつける程度でよいのです。
焼き方は、肉種に焼き色をつけて返して、次に湯を入れて蒸し焼きに。
ぎょうざのように焼き上げます。

調理の狙いは…

酢豚とは、豚肉の天ぷらと野菜炒めのあんかけの2つを最後に合わせるものと理解して。豚肉の天ぷらと野菜あんを、最後にサッと合わせることで、豚肉のおいしさが引き立ちます。煮込み料理ではありません。

PART.2 素材で選ぶレシピ・肉

土井レシピ 15

Yoshiharu Doi's HOME COOKING RECIPE

肉のおかず

彩りのよい野菜と豚肉の酢豚には、中国料理の基本が詰まっています。マスターしたい料理のひとつです。▶使うのは通年出回る食材ばかりですが、たけのこやにんじん、ピーマンでも、旬が重なれば、多めに使うなどバランスを変えます。

酢豚

材料 4人分

[豚天ぷら]
- 豚バラ肉(かたまり)：220g

[下味]
- しょうゆ：大さじ2/3
- こしょう：少々

[衣]
- 卵：1個
- 片栗粉、小麦粉：各大さじ2

- ゆでたけのこ：80g
- にんじん：1/3本（70g）
- ピーマン：1個
- 玉ねぎ：1/2個
- 干ししいたけ：2枚

[合わせ調味料]
- しょうゆ：大さじ3
- 砂糖：大さじ3
- 酢：大さじ1
- 二番だし：1/2カップ（→P137）
- 片栗粉：大さじ1

● 揚げ油、サラダ油

■1人分422kcal ■塩分1人分2.5g ■調理時間30分（しいたけを戻す時間を除く）

作り方

1 下ごしらえ
豚バラ肉は、2cm厚さの一口大に切る。しょうゆ、こしょうをまぶして下味をつけておく（ポイントa）。たけのこは5mm厚さ、にんじんは皮をむいて乱切り、ピーマンは種を取って3cm角、玉ねぎは3cm角、干ししいたけは水で戻して一口大に切る。合わせ調味料は全部の材料を混ぜ合わせる。

2 ゆでる
中華鍋ににんじんを入れて水からゆでる。固ゆでになれば、たけのこを入れていっしょにしっかり沸騰させてゆで（b）、ざるにあげる。

3 豚天ぷらを作る
中華鍋に揚げ油を1cmほど入れる。次に衣を作る。1の豚肉に溶き卵を加えて混ぜ、片栗粉と小麦粉を加え、大きくざっくりと混ぜ合わせてからめる。

4
豚肉を3の油に入れて中火にかける（c）。全体に油を回しかけながら火を通して、色づけば一度返してからりと揚げ、取り出す。揚げ油を除く。

5 炒める→あんをからめる
中華鍋にサラダ油大さじ1を熱し、玉ねぎ、にんじん、たけのこ、ピーマン、しいたけを入れて炒める。八分通り火を通して、火を止めたところに合わせ調味料を入れて、再び火にかけて混ぜながらとろみをつける。豚天ぷらを戻し入れてあんをからめて仕上げる（d）。

ポイント

a 酢豚は豚肉料理。よい豚肉を選び少し大きめに切って、しょうゆ、こしょうで下味をつける。

b 大きめの乱切りにしたにんじんは、ゆでたけのことともに下ゆでする。ゆでたけのこは、下ゆですることで味わいがすっきりする。

c 厚みのある肉は、冷たい油に入れて揚げることができる。

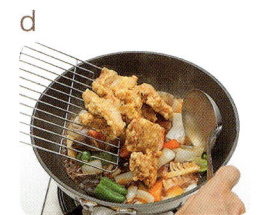

d 野菜あんと豚の天ぷらをさっと合わせる。

肉のおかず　Yoshiharu Doi's HOME COOKING RECIPE

土井レシピ **16**

豚肉のおいしさをストレートに楽しみます。おいしい豚肉を選びましょう。▶いつ食べてもおいしいですが、きちんと火を入れることで安心して食べられます。季節の野菜料理を添えましょう。

豚肉の黒酢煮

調理の狙いは…

豚バラ肉のおいしさをリアルに味わう濃厚な味つけ。
かたまりのバラ肉を厚めに切り出して、
下味、衣も厚めにつけて、からりと揚げます。
黒酢あんをからめながら煮詰めて、黒こしょうをきかせます。

材料 4人分

- 豚バラ肉（かたまり）：400g

[下味]
- しょうゆ：大さじ1
- 酒：大さじ2

- 小麦粉：大さじ3
- 片栗粉：大さじ3

[黒酢あん]
- トマトケチャップ：大さじ3
- 砂糖：大さじ3
- 黒酢：大さじ3
- しょうゆ：大さじ1/2

●揚げ油、こしょう

■1人分450kcal、塩分1人分1.6g
■調理時間15分

作り方

1　切る
豚肉は2cm厚さに切る。

2　衣をつける
豚肉に下味のしょうゆ、酒をまぶして、小麦粉、片栗粉の順につける。

3　揚げる→あんをからめる
フライパンに揚げ油を1cmほど入れ、冷たいところに豚肉を入れて（ポイントa）、中火でこんがり揚げる（b）。
フライパンの油を除いて、黒酢あんの調味料を煮立て、揚げた豚肉を入れてからめて仕上げる。
こしょう少々をふる。

ポイント

a　油の量はフライパンに1cmほど。冷たい油に入れる。最初は強火、温度が上がれば火を弱める。

b　焦げないように1〜2回返しながら揚げる。このようにまわりがこんがりいい色になれば、中まで火が通っている。

PART.2 素材で選ぶレシピ：肉

土井レシピ 17

Yoshiharu Doi's HOME COOKING RECIPE

肉のおかず

ビーフシチュー

家庭で作るときも、洋食屋さんのじっくり煮込んだビーフシチューに負けないように短時間でおいしくできる工夫をしました。
▶通年おいしくできますが、つけ合わせの野菜は季節感を考えましょう。

調理の狙いは…

肉をただやわらかく煮込むのではなくて、肉のうまさを残す煮込み加減とソースのコクを大切に。牛肉は、ほどよく脂のある部位を選んで、煮込む前に塩をします。ソースの野菜、ケチャップを焼き炒め、ほどよく焦がすことも大事です。

材料 4人分

牛バラ肉（かたまり）	600g
[漬け込み材料]	
塩	小さじ2（10g）
こしょう	少々
玉ねぎ	1個（300g）
米酢	1/2カップ
赤ワイン	2カップ
小麦粉	大さじ4
トマトケチャップ	2/3カップ
水	3カップ
[野菜]	
にんじん	1本（150g）
里いも	4個
ブロッコリー	1/2株
●サラダ油、バター	

■1人分881kcal　■塩分1人分4.0g
■調理時間1時間40分（牛肉を漬け込む時間を除く）

作り方

1 漬け込む
玉ねぎは5mm厚さに切る。牛肉は2cm厚さに食べやすく切り、塩、こしょうをしてもみ込む。ボウルに牛肉と玉ねぎを入れ、米酢、赤ワインを加えて1時間ほど漬け込む。ボウルにはラップをかけておく。漬け込み後の牛肉、玉ねぎは、漬け汁をきって分けておく。漬け汁は取っておく。

2 焼く→ソースを作る
フライパンにサラダ油大さじ1/2を熱し、1の牛肉を強火で焼き、焼き色がついたら煮込み鍋に移す。余計な脂はキッチンペーパーでふき取り、同じフライパンにサラダ油少々を補い、玉ねぎを入れて、バター15gを加えて強火で焼き炒め、焼き色がついたら、小麦粉を加えて炒りつける。

3
2にケチャップを加えて炒りつけ（ポイント）、漬け汁を適量入れて底についた旨味もこそげ取り、煮込み鍋に移す。

4 煮込む
煮込み鍋に火を入れて、肉と玉ねぎのソースをなじませ、残りの漬け汁を少しずつ加え（沸騰させてから次を加えること）、さらに分量の水を加えて、1時間ほどふたをずらして、途中何度かアクを取りながら煮込む。

5 野菜の準備
にんじんは食べやすく輪切り、ブロッコリーは一口大に切る。にんじん、里いも（皮つきのまま）は水からゆで始め、煮立ってから20分ほど、串を刺したらすっと通るまでゆでる。里いもはふきんなどで熱いうちに皮をむき、半分に切る。ブロッコリーは色よくゆでる。いただくときに野菜を4に加え温める。

ポイント
素材をしっかり焼いて焦がすことで、ビーフシチューの深いコクが生まれる。

肉のおかず　　　　　　　　　　　　Yoshiharu Doi's HOME COOKING RECIPE　　土井レシピ

身近な食材で手軽に作れるお料理がおいしくできればいいですね。
▶一年中出回るキャベツですが、冬が旬です。初夏には高原で作られる春キャベツ、グリーンボールなども。
キャベツの種類で楽しみが変わります。

18 豚キャベツのみそ炒め

調理の狙いは…

キャベツから水を出さずに、キャベツに甘みが出るように炒める。キャベツは焼き色がつくくらいに、動かさずに焼くイメージで調理。素材を別々に炒めてから合わせて仕上げ、火の通り加減をそろえます。みそは一般的な信州みそで作りましたが、赤だしみそなどみその種類を変えることで、味や見た目が変わります。

材料 4人分

豚しょうが焼き用肉	120g
キャベツ	1/6個（200g）
しょうが	10g
にんにく	1片
信州みそ（あるいは好みのみそ）	30g
砂糖	大さじ1½
豆板醤	小さじ1

● 塩、サラダ油

■1人分163kcal　■塩分1人分1.3g　■調理時間25分

作り方

材料を切る

1
豚肉は3等分に切る。
キャベツは手で大きめにちぎる。
しょうが、にんにくはたたいて、粗く刻む。

焼く

2
フライパンにサラダ油大さじ1を熱して、
キャベツを焼き炒める。塩少々をして、
少ししんなりしたら、一度取り出す（ポイントa）。

3
フライパンにサラダ油大さじ1/2を足し、
しょうが、にんにくを炒め、香りがたったら豚肉を焼く。
片面に焼き色がついたら砂糖、みそ、豆板醤を入れ、
炒りつけて火を通す（b）。

合わせる

4
キャベツを戻してさっくりと合わせる。

ポイント

a キャベツの水けはしっかりきって焼き色がつくように炒めることで、キャベツの甘み、おいしさが引き出される。

b 薄い肉を焼くときは、片面にのみ焼き色がつけばよい。そのあと味つけする。

PART.2 素材で選ぶレシピ::肉

土井レシピ 19 | Yoshiharu Doi's HOME COOKING RECIPE

肉 のおかず

かぶりついて食べる骨つき肉のおいしさ、食べごたえしっかりのお肉料理です。
▶一年中いつ食べてもおいしいと思います。季節の野菜を添えましょう。

スペアリブの直がつお煮

調理の狙いは…

スペアリブをやわらかく、削りがつおを使って濃厚味をからめます。
スペアリブは火が入れば肉から骨が飛び出します。
はちみつと酢を使った煮汁を煮詰めて一度取り出した肉を戻し、
炒った削りがつおを煮汁を吸わせてからめます。

材料 4人分

スペアリブ	700g
[煮汁]	
米酢	1½カップ
水	1½カップ
はちみつ	50g
しょうゆ	大さじ1½
削りがつお	ひとつかみ

■1人分528kcal ■塩分1人分1.1g
■調理時間30分

作り方

1 煮る
片手鍋にスペアリブを入れて、
煮汁の材料をすべて入れる。
鍋を強火にかけて煮立てたまま、
アクをとりながら15分ほど煮る（ポイントa）。

2 削りがつおの準備
別の鍋に
削りがつおを入れ、
軽く炒る（b）。

3 煮汁をからめる
1の肉を一度取り出して鍋を中火にかけ、
煮汁をとろりとするくらいまで煮詰める。
スペアリブを戻して、2の削りがつおを加え、
煮汁を肉にからめる。

ポイント

a　しっかり煮立てて水分を飛ばし、強火で煮詰めて十分に火を通す。

b　軽く炒って水分を飛ばしてカラリとさせる。炒りすぎは禁物。炒りすぎると色も味も落ちる。

肉のおかず　Yoshiharu Doi's HOME COOKING RECIPE　土井レシピ 20

まずは漬け込んでおけば、いつ焼いても変わらぬ、安心のおいしさです。
▶一年中いつでもおいしくいただけます。季節に合わせて野菜料理と組み合わせます。

手羽先のにんにくしょうゆ焼き

材料 4人分

- 鶏手羽先：10本
- しょうゆ：1/4カップ
- 酒：1/4カップ
- にんにく：2片

■1人分152kcal　塩分1人分1.5g
■調理時間15分（漬け込む時間を除く）

調理の狙いは…

漬け込んで保存したものを、ちょうどよい味つけで照りよく焼き上げること。
手羽先の分量に対して、多すぎない、少なすぎない分量の調味液につけ込みます。
あとはグリルで焼くだけ。

作り方

1 漬け込む
手羽先をポリ袋に入れ、
しょうゆ、酒、
たたいてつぶしたにんにくを入れて、
2日間以上漬け込む（ポイントa）。

2 焼く
グリルで、約10分、
全体をこんがりと焼き上げる（b）。
グリルの火が片面の場合は、
途中で裏返す。

a ポイント
手羽先の量に対して調味料の分量が大切。冷蔵庫で2日以上、さらに4〜5日置いても味が濃くなりすぎることはない。

b
グリルで両面からこんがり焼き上げる。

42

PART.2 素材で選ぶレシピ：肉

土井レシピ 21

Yoshiharu Doi's HOME COOKING RECIPE

鶏そぼろと煮卵の入ったお弁当で鶏飯というのが食べたくて作りました。しばらく作り置きがきくので便利だし、お弁当に重宝します。▶季節は問いませんが、ボイルした緑の季節野菜を添えます。ちなみに卵の旬は春、新芽を食べて鶏も元気になって、おいしい卵を産むからです。

肉のおかず

鶏そぼろと煮卵

調理の狙いは…

しっとりとやわらかいそぼろと、きれいな黄身色の卵。
そぼろは多めの煮汁でゆっくりと煮ます。
卵のゆで加減は沸騰してから5分、正確に計ります。

材料 4人分

[鶏そぼろ]
- 鶏ひき肉 ： 300g
- 干ししいたけ ： 5〜6枚
- 干ししいたけの戻し汁 ： 1½カップ
- 砂糖、たまりじょうゆ ： 各大さじ5
  （ふつうのしょうゆでも）
- 黒こしょう ： 適量
- ●サラダ油

■1人分252kcal ■塩分1人分3.1g ■調理時間25分（しいたけを戻す時間を除く）

[煮卵]
- 卵 ： 10個

[煮汁]
- しょうゆ、砂糖、みりん ： 各1カップ
- 水 ： 2カップ
- 削りがつお ： 15g

■1人分354kcal ■塩分1人分4.7g ■調理時間15分（漬け込む時間を除く）

作り方

------- [鶏そぼろ]

1 ●下ごしらえ
干ししいたけは洗って、2〜3時間以上水で戻す。みじん切りにして戻し汁は取っておく。

2 ●炒める
鍋にサラダ油大さじ2を温め、しいたけを入れて炒める。なじめばひき肉を加え、箸を4、5本使ってさばき炒める。

3 ●煮る
2にしいたけの戻し汁を加えて煮立てば、砂糖を加えて4〜5分煮て、たまりじょうゆ、黒こしょうを加えて煮汁がほとんどなくなるまで10分ほど煮詰める（ポイント）。

------- [煮卵]

1 ●煮汁の準備
しょうゆ、砂糖、みりん、分量の水、削りがつおを鍋に入れ、中火にかける。煮立ったらアクをとり手早く冷ます。

2 ●ゆでる
卵は、水から火にかけ、沸騰してから5分ゆでる。半熟に仕上げたいので、水にとり素早く冷まし、殻をむく。

3 ●漬ける
ゆで卵を煮汁に2〜3日漬けて味を染み込ませる。

ポイント

ゆっくりと時間をかけてそぼろを煮ることでやわらかく仕上げる。時間をかけて煮ればしばらく日をおいても傷みにくい。

子どもの頃、駅弁で「鶏めし」というのがありました。こんな感じです。

肉のおかず　　　　　　　　　　　　　　Yoshiharu Doi's HOME COOKING RECIPE

土井レシピ **22**

鶏肝の香味煮

ときどき食べたくなるちょっとした副菜は献立のアクセントになりますし、
野菜中心でも栄養のバランスがとれます。▶いつでもおいしく食べられるお料理です。

調理の狙いは…
にんにく、しょうが、こしょうをきかせて、かつ、煮汁を煮詰めてコクのある煮汁をからめることです。ほぼ煮詰まったところで、サラダ油をたらすことで、ツヤがよくなり、しっとりした食感が生まれます。

材料 4人分

- 鶏肝 ： 140g
- にんにく ： 1片
- しょうが ： 20g

[煮汁]
- 砂糖、みりん、しょうゆ ： 各大さじ1
- 酒 ： 大さじ3
- 水 ： 1/2カップ

- 黒こしょう(粗びき)、塩 ： 各少々
- サラダ油 ： 大さじ1/2

■1人分91kcal　■塩分1人分0.8g　■調理時間20分

作り方

1 材料を切る
鶏肝はさいの目に切る。
にんにくはたたいて芽を除き、粗く刻む。
しょうがはたたいて粗く刻む。

2 煮る
小鍋に鶏肝、にんにく、しょうが、
煮汁の材料を入れて火にかけ、
煮立てば、アクをとる。

3
中火で5～6分煮て、
火が通ってある程度煮詰まったところに、
黒こしょう、塩、サラダ油（ポイント）を入れ、
火を強めてさらに煮詰め、煮汁を煮からめる。

ポイント
仕上がり直前にサラダ油を入れて
強火で煮からめる。

PART_2 素材で選ぶレシピ：肉

土井レシピ **23**

Yoshiharu Doi's HOME COOKING RECIPE

レバにらを卵でとじることで、味も姿もやさしくなりました。彩りが増えておいしそうです。
▶一年中出回るにらは、4月から9月ごろまでが盛りです。
鮮度のよいもの、長さは短めのほうがやわらかくておいしいです。

肉のおかず

レバにら炒めの卵とじ

調理の狙いは…

油を最小限にして、安心して食べやすくすることです。
的確に調理すれば、苦手な人でも食べやすくなります。
クセの少ない鶏レバーを使います。レバーはぶつ切りにして
焼き色を香ばしくつけることで、パサパサした感じをなくします。

材料 4人分

鶏レバー	200g
[下味]	
しょうゆ	大さじ1
こしょう	適量
片栗粉	大さじ3
にら	1束(100g)
にんにく	1片
卵	2個
[合わせ調味料]	
しょうゆ	大さじ1/2
砂糖	大さじ1/2
酒	大さじ1

●サラダ油、塩

■1人分191kcal　■塩分1人分1.7g
■調理時間15分

作り方

1 下ごしらえ

鶏レバーは、2つ切りにして、
下味のしょうゆ、こしょうをもみこみ、
片栗粉をまぶす（ポイントa）。
合わせ調味料は合わせておく。
にらは食べやすく切って、
さっと洗ってざるに上げて水けをきる。
にんにくは刻む。

2 炒める

フライパンにサラダ油大さじ2、
にんにくを入れて中火で熱し、
1のレバーを入れる。焼き色がついたら、
一度全体を大きく返して、にらを加える。
合わせ調味料、塩小さじ1/3を加えて、
溶き卵を流し入れて火を通し（b）、
仕上げる。

ポイント

a　レバーはコロリとぶつ切りにして下味をつける。強火で表面に焼き色をつけ、中心はしっとりと仕上げる。

b　溶き卵は数回に分けて加える。軽く鍋返しをして完成。

肉のおかず　　　　　　　　　　　　　　　　Yoshiharu Doi's HOME COOKING RECIPE

土井レシピ 24

「ぎゅうだいこん」と、語呂のよい名前ですから、家族も覚えやすい料理ですね。定番にしてください。▶通年出回る大根ですが、一番おいしく煮えるのは冬大根です。

牛大根

調理の狙いは…

皮ごと大きく切った大根と牛バラ肉をいっしょに直煮して、
味つけと同時に火を通します。
冬の旬の大根であれば、相当大きく切ってもやわらかく煮えます。
牛肉は1cmほどに切って煮えやすくします。

材料 4人分

牛バラ肉（かたまり）	：	400g

[下味]
しょうゆ　：　大さじ1
こしょう　：　少々

大根　：　1/2本（500g）
にんにく　：　小1/2個分
赤唐辛子　：　3本
水　：　4カップ
酒　：　1カップ
砂糖　：　大さじ6
しょうゆ　：　大さじ3

■1人分596kcal　■塩分1人分2.7g
■調理時間50分

作り方

1 〈下ごしらえ〉
牛肉は1cm厚さの一口大に切り、
下味のしょうゆ、こしょうをまぶしておく。
大根は乱切りにする（ポイントa）。
にんにくは皮つきのまま軽くつぶす。

2 〈煮る〉
鍋に大根、牛肉、にんにく、赤唐辛子を入れて
分量の水、酒を加えて、煮立てばアクを取り、
落としぶたをして10分ほど煮る。
砂糖を入れてさらに10分ほど煮る。

3
2にしょうゆ大さじ2を入れ、
煮汁が1/3量になるまで20分煮る。
落としぶたを取り、
しょうゆ大さじ1を入れて
照りよく仕上げる（b）。

ポイント
a 大根は皮ごと大きく乱切りにする。
b 甘みをしみこませてからしょうゆを加える。

PART 2 素材で選ぶレシピ：肉

土井レシピ 25 | Yoshiharu Doi's HOME COOKING RECIPE

肉のおかず

キャベツがお箸ですっと切れるほどやわらかいロールキャベツがおいしいです。お肉が入っていても、とてもやさしいお料理だと思います。▶キャベツは冬が旬。ずっしりと重いものを選びます。青い葉をした春キャベツでもできないことはありませんが、"ひね"の重いもののほうがおいしく作れます。

ロールキャベツ

調理の狙いは…

ロールキャベツは、キャベツをおいしく食べる料理であることと心得ます。
キャベツは"ひねキャベツ"のほうがおいしく煮えます。
たっぷりのキャベツと少量の肉だねを、十分にキャベツがやわらかくなるまで時間をかけて煮てください。

材料 4人分

キャベツ（大）	700〜800g
[肉種]	
牛ひき肉	300g
玉ねぎ（みじん切り）	1個分（220g）
小麦粉	大さじ2
卵	1個
塩	小さじ2/3
こしょう	適量
水	3カップ
固形スープの素	1個

●塩、こしょう

■1人分266kcal ■塩分1人分1.8g
■調理時間60分（ゆでたキャベツを冷ます時間を除く）

作り方

1 ●キャベツの準備
キャベツは外葉をちぎらないようにはがし、さっとゆでてざるにあげ、塩、こしょう各少々をふって冷ました後、肉たたきなどで芯をたたいてやわらかくする（a）。

2 ●包む
ボウルに肉種の材料を合わせてしっかり練り混ぜ、8等分にし、キャベツにのせて包む（b-1,2,3）。

3 ●煮る
鍋に2をきっちりと並べ（ポイントc）、分量の水と固形スープ、塩少々を加えて火にかける。煮立ったらアクをすくい、ふたをして弱火で40分ほど煮る。煮上がりの味をみて塩、こしょうを補う。

a 芯はたたいてつぶして包みやすくする。

b-1 b-2 b-3 肉だねを葉の手前に置いて、片方をひと折してくるりと巻き、もう片方を内側に押し込んで包む。

c ポイント 鍋にすき間が出ないように、重ならないように並べたいので、適切な大きさの鍋を選ぶ。

肉のおかず　　　　　　　　　　　　　　　Yoshiharu Doi's HOME COOKING RECIPE

キムチをただ鍋に入れて煮込むというのでは、煮汁全体が染まって単調になります。手元にキムチをおいて、食べる分だけさっと煮て食べるといいです。▶今は、一年中白菜のキムチがありますが、寒い季節の漬けものです。酸味が少し出たころがおいしいと思います。

土井レシピ **26**

キムチ鍋

調理の狙いは…

キムチの旨味と辛みを生かすように工夫した鍋です。
白みその甘さは、キムチの辛さをいっそうおいしく引き立てます。
みその白いだし汁に赤いキムチがきれいです。

材料 4人分

- 豚バラ肉（薄切り）：200g
- 鱈（たら）の切り身：2切れ（計160g）
- 油揚げ：1枚
- 鶏もも肉：1枚
- 白菜：1/4株
- せり：1束
- ねぎ：1本
- わかめ（戻して）：100g
- 切りもち（好みで）：4個
- 白菜キムチ：250g

[鍋だし]
- 二番だし：5カップ（→P137）
- 白みそ：120g
- 信州みそ（赤みそ）：30g

■1人分522kcal　■塩分1人分5.0g　■調理時間20分

作り方

a 何を入れるか、また切り方は好みで。

材料を準備する

1
豚バラ肉は4cmほどに食べやすく切る。
鶏もも肉は一口大に切る。
鱈は半分に切る（好みで鱈の白子があれば食べやすく切る）。
白菜は3cmほどに切る。
せりは4〜5cm長さ、ねぎは斜め切りに。
わかめは5cm長さに切る。
油揚げは短冊切り、
キムチは食べやすくはさみで切る（a）。

2
鍋だしのみそとだしを合わせて溶いておく。

煮る

3
2を鍋に入れて火にかけ、白菜の芯、ねぎ、油揚げを入れ、さらに鶏肉など
火の通りにくい具材から順に鍋に入れて煮る。

4
キムチは最後に入れ、煮えた具と好みで
合わせながらいただく（ポイントb）。

ポイント b
全体をキムチ味にするのではなく、食べる人の好みでキムチを合わせていただく。

PART 2 素材で選ぶレシピ・肉

土井レシピ 27

Yoshiharu Doi's HOME COOKING RECIPE

肉のおかず

ワンタン

市販のワンタンの皮に簡単な肉種を包んで、冷蔵庫に入れておいてください。それを二番だしの煮立ったところに入れて2〜3分煮るだけです。夜食にも、お酒の後にもおすすめです。
▶ここではワンタンだけですが、アクの少ない青菜を煮汁に入れ、いっしょに煮てもよいでしょう。

調理の狙いは…

ワンタンが手軽にさっと作れること、そしておいしいこと。市販のワンタンの皮に肉種をギュッと包む。それを、食べる時に煮立ったスープに入れます。ワンタンの肉種の旨味もだしになって、スープがおいしくなります。

材料 2人分

ワンタンの皮	16〜18枚
[肉種]	
豚ひき肉	100g
ねぎ	1/2本
しょうゆ	大さじ1
ごま油	大さじ2
こしょう	少々
水溶き片栗粉	適量
（水：片栗粉＝1：1）	
二番だし	2カップ（→P137）
しょうゆ	大さじ1
●しょうゆ	

■1人分336kcal　■塩分1人分2.9g　■調理時間25分

作り方

1 肉種を作る
肉種の材料を全部合わせて粘りが出るまでよく混ぜる。

2 包む
ワンタンの皮の周囲に水溶き片栗粉をつけて肉種を適量ずつのせ、キュッと口を絞るように茶巾型に包む（ポイントa）。

3 煮る
小さい土鍋にだしを入れ、しょうゆで味つけし、ワンタンを加え（b）、皮に透明感が出るまで火を通す。

ポイント

a 水溶き片栗粉をワンタンの皮の周辺につけてから適量の肉種をのせて、握り込むように茶巾型に包み込む。

b 煮立っただし汁に入れて、ワンタンの皮が透き通り、浮いてくれば完成。アツアツをいただく。

素材で選ぶレシピ：魚　PART 2

Yoshiharu Doi's
HOME COOKING RECIPE

調理の狙いは…

鮮度のよい鯛の切り身から、シンプルにおいしさを引き出すことです。鯛はきれいな切り身を選んで、水分をきちんとふき取り、雑味が出るのを防ぎます。塩をしてから昆布にのせて、フライパンで蒸し煮にします。

50

土井レシピ 28　Yoshiharu Doi's HOME COOKING RECIPE　魚のおかず

一番手軽に作れる魚料理ですが、蒸しものは魚の味をそのままいただく料理です。
鮮度のよい魚はおいしく、鮮度の落ちた魚は、臭みがそのままになってしまいます。
▶鯛（たい）がおいしく食べられるのは、秋から冬、4月いっぱいくらいです。産卵後、夏場は味を落とします。
クセの少ない白身の魚であれば、同様に調理してください。サーモンでもおいしくできます。

鯛の昆布蒸し

材料 4人分

- 鯛（たい）　：　大2〜3切れ（1切れ100g）
- 昆布（15cm角）　：　1枚
- 酒　：　大さじ3〜4
- バター　：　10g
- 春菊　：　1/2束
- 大根おろし　：　適量
- ポン酢しょうゆ　：　適量

● 塩

■1人分147kcal ■塩分1人分1.5g ■調理時間15分

作り方

1　下ごしらえ
昆布は水にくぐらせてやわらかくする（a）。
鯛は両面に塩少々をふり、
しばらくおき、半分に切る。
春菊は根元をつまんで葉先をそろえる（b）。

2　蒸す
フライパンに昆布を敷く。
昆布の上に鯛をのせて酒をふり、
バターを落とし（ポイントc）、ふたをする。
中火にかけて、煮立てば3〜4分蒸す。

3
さらに春菊を加えて1分ほど蒸す。
昆布ごと皿に盛り、
ポン酢しょうゆと大根おろしを添える。

a　昆布は水にくぐらせて、少しやわらかくなるくらい置く。

b　春菊はつまんで、葉先をそろえておく。

c　ポイント　しめらせた昆布を敷いて、魚を重ならないように並べて酒をふり、バターを落として蒸し煮に。

魚のおかず　Yoshiharu Doi's HOME COOKING RECIPE　土井レシピ 29

鰤（ぶり）大根は昔ながらの家庭料理ですから、簡単においしく作れます。
▶大根も鰤も冬が旬です。寒の時季の鰤を特に寒鰤と言います。
鰤と大根、とても相性のよい「出会いもの」です。

鰤大根

作り方

● 材料を切る

1
鰤は、1切れを4〜5cm角、
大根は皮をつけたまま2cm厚さの半月切りにする。
しょうがは皮つきのまま輪切りにする（a）。

● 煮る

2
鍋に大根と鰤、
しょうがを入れ、
分量の水を注いで強火にかける（ポイントb）。

3
煮立ったらアクや泡をすくい取り、
砂糖とみりんを加え、
落としぶたをして中火で10分煮る。

4
しょうゆ大さじ3を加え、再び落としぶたをして
煮汁の量が1/3くらいになるまで煮る。
この間、ときどきアクを取り、
煮汁を全体に回しかけて味を含ませる。

5
煮上がりぎわに
残りのしょうゆ（大さじ2）を回し入れ（c）、
ひと煮立ちさせて火を止める。
器に盛り、煮汁を回しかける。

材料 4人分

鰤（ぶり）	3〜4切れ（計400g）
大根	2/3本（500g）
しょうが	20g

[煮汁]

水	5カップ
砂糖、みりん	各大さじ4
しょうゆ	大さじ5

■1人分374kcal ■塩分1人分3.4g ■調理時間40分

a
大根と鰤の切り出し。

b ポイント
具材をすべて鍋に入れて、水をかぶるくらいに加える。

c
煮上がりぎわに、残りのしょうゆを加える。

調理の **狙** いは…

鰤のおいしさを
旬の大根にしみ込ませるお料理です。
大きく切った大根と
鰤をいっしょに直煮込みします。
甘みを先に加えてしばらく煮てから、
しょうゆを入れてください。

調理の狙いは…

鰯は香ばしく甘辛く、しっかり味にして仕立て、べとべとしないように、余分な水分を飛ばしてカラリと仕上げます。鰯のおいしさは、まずは魚の鮮度。見た目にもきれいな張りのあるものを選びましょう。調味料を加える前に焼き色をつけて、煮汁はフライパンを動かしながら煮詰めてからめます。

PART.2 素材で選ぶレシピ・魚

土井レシピ **30**

Yoshiharu Doi's HOME COOKING RECIPE

魚のおかず

鰯（いわし）を手開きできれば、料理の幅が広がります。やってみようと思えばだれにでもできます（P69参照）。
▶鰯は通年おいしく食べられますが、魚へんに弱いと書いて「鰯」とあるように、とても鮮度の落ちやすい魚です。鮮度の落ちにくい冬は、鰯がおいしく食べられる季節でもあります。

鰯の蒲焼き

材料 2人分

鰯（いわし）　：　4尾（1尾約100g）
小麦粉　：　適量

▲一度で焼ける量。4人分作りたいときは倍量を2回に分けて焼きます。

18〜20cmの中羽鰯と呼ばれるサイズが、この料理にはよい。鮮度のよい鰯は少し頭が反っている。

[合わせ調味料]

しょうゆ　：　大さじ2
みりん　：　大さじ1
酒　：　大さじ2
砂糖　：　大さじ1

●サラダ油

■1人分434kcal　■塩分1人分3.0g　■調理時間20分

作り方

1 下ごしらえ

鰯はうろこをとって、
頭を切り落とし、腹を切って内臓を出す。
手開きする（→P69）。
尾は切り取る。

2

鰯の水けをキッチンペーパーでふき、
小麦粉を身側（内側）にだけ軽くつける。

3 焼く

フライパンにサラダ油大さじ2を熱し、
鰯を身側を下にして入れて焼く（a）。
焼き色がついたら返して皮側を焼き、
残った余分な脂を
キッチンペーパーなどでふき取って（b）
合わせ調味料を入れ、
全体に調味料をからませるようにして
照りよく仕上げる（ポイントc）。

a　身側に小麦粉をふり、身側を下にして焼き色をつける。

b　裏返してフライパンの脂を除く。

c ポイント　合わせ調味料を入れ、フライパンを大きく動かしながら煮汁を煮からめる。

魚のおかず　　　　　　　　　　　　　　　　Yoshiharu Doi's HOME COOKING RECIPE　　土井レシピ

31

卵料理が嫌いな人は少ないと思います。
でも夕ご飯に卵料理となれば、レパートリーが意外と少ないですね。でもかに玉なら大丈夫です。
▶かにはその種類によって、冬が旬のものと夏場が旬のものがあります。通年出回るのはそのためです。

かに玉

作り方

1　下ごしらえ

ゆでたけのこはせん切りにし、水けをしっかりしぼる（a）。
卵はボウルに溶いて塩少々を加える。
あん用のだしを温め、
しょうゆで味をつけ（ポイントb）、
煮立ちを止めて水溶き片栗粉でとろみをつける。
しょうがはおろす。

2　焼く

フライパンにサラダ油大さじ2を熱して
たけのこを炒め、塩小さじ1/3（かにの身の塩分が
高いようなら、
この塩を減らして調節する）をする。
さらにかにの身を加えて軽く炒め、
卵液を一気に加え、菜箸でかき混ぜながら火を通し（c）、
焼き色をつけて返し（d）、焼き上げる。

3　盛る

器に盛り、しょうゆあんをかけて、
おろししょうがを添える。

材料 4人分

- 卵：6個
- かにの身：100g
- ゆでたけのこ：150g

[しょうゆあん]
- 二番だし：2カップ（→P137）
- しょうゆ：大さじ2
- 水溶き片栗粉：大さじ2
  （水：片栗粉＝1：1）

- しょうが：適量

● 塩、サラダ油

■1人分214kcal　■塩分1人分2.4g　■調理時間15分

---

a　ゆでたけのこは、キッチンペーパーに包んでギュッとしぼり、余分な水分をしぼり取る。

b　ポイント　だし汁の色を見てしょうゆで味をつける。きれいな琥珀色が目安。

c　かにの身とたけのこが熱くなったところに卵を加え、混ぜながら半熟に火を通す。流れる卵液がなくなったら返す。

d　返し方は、ポンッと鍋返ししてもよいが、ふたで上から押さえながらフライパンを返してかに玉をふたにのせ、鍋に戻すのでもよい。

調理の**狙いは…**
卵にきちんと火を通して、焼いた卵のおいしさをいただきます。卵は両面に焼き色がつくまで火を通します。かにの身は、殻つきを手でむけば、さらにご馳走になります。

調理の狙いは…

海老は殻ごと食べられるように仕上げて、ソースの味をはっきりとさせることです。油でしっかり両面を焼けば、香ばしさが増して、殻ごとでも食べられます。老酒を使うことで風味が強くなりますが、しっかりと焼いた海老の旨味とともにソースの味を深めます。

PART.2 素材で選ぶレシピ：魚

土井レシピ **32**

Yoshiharu Doi's HOME COOKING RECIPE

魚のおかず

私は最初のひとつふたつは殻ごと、あとはむいて食べています。ソースは海老（えび）の味が出て、ご飯にかけてもおいしいです。▶海老は冷凍を使っていますので、一年中いつでも作れます。海老の種類や大きさによっておいしさが変わるものです。

海老チリ

材料 2人分

海老（無頭）：20尾（400g）
ねぎ：1本（100g）
しょうが：20g
にんにく：1片
トマトケチャップ：大さじ2
豆板醤：小さじ1

［合わせ調味料］
酢、砂糖、しょうゆ：各大さじ2
老酒（ほかの酒でもよい）：1/4カップ

水溶き片栗粉：大さじ1
（水：片栗粉＝1：1）

● サラダ油、ごま油

■1人分517kcal ■塩分1人分4.4g ■調理時間25分

作り方

1 下ごしらえ
ねぎは粗く刻む。
しょうがとにんにくはみじん切りにする（a）。
海老は洗って水けをふき取り、はさみで背側に切り込みをいれて背わたを取り、尾の先を切り落とす（b-1, 2）。

2 焼く
中華鍋を強火で熱し、サラダ油大さじ2を温めて、
1の海老を入れ、両面を強火で
しっかり焼いて（ポイントc）、いったん取り出す。

3 ソースをつくる
2の鍋にサラダ油大さじ1を補い、
しょうが、にんにくを炒める。
香りが出てきたら豆板醤、トマトケチャップを加えて炒め、
合わせ調味料、ねぎも加えひと煮する。

4 からめる
水溶き片栗粉を回し入れてとろみをつける。
海老を戻し入れ、からめるようにして、
仕上げにごま油大さじ1を入れ（d）、仕上げる。

a

b-1 b-2
はさみで背側の殻に切り込みを入れ、尾の先も切る。
黒い背わたを取り除く。尾の先を切ると炒めるときパチッとはぜなくて安心。

c ポイント
海老は殻ごと使うほうが、旨味が出ておいしい。

d
仕上げにごま油を加えてツヤよく仕上げて完成。

魚のおかず　　　　　　　　　　　　　　　Yoshiharu Doi's HOME COOKING RECIPE　　土井レシピ 33

カルパッチョにすることで、どんな鮪（まぐろ）でもおいしく食べられます。
気軽に作れるおしゃれなお料理です。
▶鮪は一年中さまざまなものがマーケットに並んでいます。

鮪のカルパッチョ

材料 2人分

- 鮪(さく)：150g
- 天然塩：少々
- こしょう：少々
- イタリアンパセリ：適量
- レモン：1/2個
- オリーブオイル：大さじ2
- 卵：1個

■1人分246kcal　■塩分1人分0.9g
■調理時間10分

調理の狙いは…

オリーブ油と塩で味を決めて、食べながら楽しめるように、
ソース代わりに半熟卵を添えました。
皿に塩をしたところに鮪を切りながら並べていきます。
塩の分量を決めるのはなかなか難しいものですから、薄めに調えて、
テーブルで補えるように塩やオリーブ油を用意します。

作り方

1 準備

［半熟卵］水から火に入れ4分ゆでたあと水にとり、
素早く冷まして殻をむく。
イタリアンパセリは洗って、水けをふく。
レモンはくし形切りにする。
盛りつける皿に
まんべんなく塩をふっておく（a）。

2 盛る

鮪は切りながら、皿に並べる（ポイントb）。
イタリアンパセリをちぎって散らす。
塩、こしょうをする。
半熟卵を2つに切ってのせる。
レモンを添えて、オリーブオイルをかけていただく。

a 鮪を並べる前に皿に塩をふる。

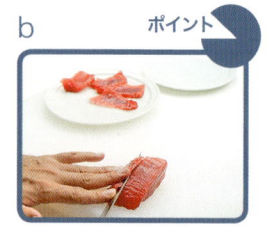

b ポイント　包丁を手前に大きく引いて、調味料がからみやすい厚みに切る。

土井レシピ 34 | Yoshiharu Doi's HOME COOKING RECIPE | 魚 のおかず

ピカタは黄金焼きです。
同じ魚料理でもずいぶんと優しい味わいになって、食べやすくなるものです。
▶ここでは生サーモンを使っていますが、甘塩の鮭でもおいしく作れます。

サーモンのピカタ

調理の狙いは…

生サーモンを卵でくるんで、味をふくらませます。薄塩のサーモンにしょうゆ入りのバターソースを添えます。サーモンは厚みを半分に広げて火を通りやすくして、しっとり感を残します。バターソースのバターを多少焦がしてください。

材料 4人分

サーモン	4切れ（1切れ90g）
卵	2個
小麦粉	適量

[レモンバターしょうゆソース]

しょうゆ	大さじ1
バター	40g
レモン汁	1個分
パセリのみじん切り	大さじ2

●塩、こしょう、サラダ油

■1人分394kcal ■塩分1人分1.1g ■調理時間30分

作り方

1 下ごしらえ
サーモンは皮を引いて、小骨を抜き取り、平らに開く（a）。片面だけ塩、こしょう各少々をし、両面に小麦粉をまぶす。

2 焼く
フライパンにサラダ油大さじ1を温め、溶き卵大さじ1を入れてふっくらしたところに、溶き卵にくぐらせたサーモンをのせる（ポイントb）。焼き色をつけて返し、火を通す。
同時に2切れ焼ける。サラダ油大さじ1を補い、同じようにもう2切れを焼く。

3 ソースを作る
小鍋にバターを入れて溶かし、しばらく表面を泡立たせて少し色濃く焦がしてからパセリを加えて、レモン汁としょうゆを加え、レモンバターしょうゆソースを作る。
皿に2を盛り、ソースをかけ、粉ふきいもを添える。

●つけ合わせ
[粉ふきいも] じゃがいも4個は皮をむいて、4等分に切る。鍋に水から入れて、やわらかく火を通す。湯を捨てて火にかけ、水分を飛ばし、熱いうちに少しつぶし、塩、こしょう各少々をする。

a 切り身のサーモンの皮を除いて、切り込みを入れて平たく広げる。

b ポイント フライパンに卵液を大さじ1落とし、その上にすぐ、卵液をくぐらせたサーモンをのせる。軽く焼き色がつけば返す。フライパンをずらして手前を火にかけ、先に入れたサーモンを奥に寄せて次を焼く。

魚のおかず　　　　　　　　　　　　　　　　　　　Yoshiharu Doi's HOME COOKING RECIPE

魚のぎょうざですから、いつものお肉のぎょうざだと期待した子どもは嫌がるかもしれません。
大人はポン酢を添えれば大満足です。子どもたちにも工夫して食べさせてください。おいしいですから。
▶秋刀魚（さんま）は夏の終わりから秋に出回ります。塩焼きに飽きたらこれを作ってください。

土井レシピ 35 秋刀魚のぎょうざ

調理の狙いは…
魚のにおいが気にならないように、みんなに好まれるように食べやすくすることです。魚の水分はキッチンペーパーで押さえて除きます。にんにくやしょうが、ねぎを入れてみそで味をつけます。ポン酢がよく合います。

材料 4人分

[具]
- 秋刀魚（さんま）： 2尾（1尾160g）
- にんにく： 1片
- しょうが： 20g
- ねぎ： 1本（100g）
- 信州みそ： 10g
- 片栗粉： 大さじ1

- ぎょうざの皮： 24枚
- 大根おろし、ポン酢しょうゆ： 各適量

● サラダ油

■1人分361kcal　■塩分1人分1.8g　■調理時間35分

作り方

下ごしらえ
1 秋刀魚は水洗いして、大名おろしで三枚におろす（→P68, 69）。
にんにく、しょうがはすりおろす。
ねぎはみじん切りにする。

具を作る
2 秋刀魚の上身は包丁で小口から切り、さらにひとまとまりになるまでたたく（ポイントa）。

3 ボウルに秋刀魚、にんにく、しょうが、ねぎを合わせ、みそで味をつけ混ぜる。さらに片栗粉を加えて混ぜる。

包む
4 適量の具をぎょうざの皮にのせて、皮の周囲に水をつけて包む（b-1, 2）。

焼く
5 フライパン（26cm）にサラダ油大さじ1½を入れてぎょうざを並べ、熱湯1/3カップをそそぎ、ふたをして中火強にかけて火を通し、水分がなくなればふたを取って、焼き色をつける。盛り皿をかぶせて、くるりと返して皿に盛る。ポン酢に大根おろしをたっぷり添えていただく。

ポイント
a　秋刀魚の上身は小口から切って、さらにたたく。

b-1, b-2 　皮に具をのせて、皮の周辺に水をつけたら、まず天で一度おさえ（b-1）、両脇を着物の袖のように折りたたむ（b-2）。

PART_2 素材で選ぶレシピ：魚

土井レシピ **36**

Yoshiharu Doi's HOME COOKING RECIPE

魚のおかず

見た目にかっこよくすると、迫力で食欲がわいてきます。揚げながらさらに衣をまとわせました。
▶秋刀魚は秋。鰯（いわし）でも、鯵（あじ）でも、味の濃い、青背の魚がカレー味には合います。
揚げものには、生のキャベツがよく合います。

秋刀魚のカレー天ぷら

調理の狙いは…

ソースをかけて食べたくなるように、厚めの衣をたっぷりとつけます。どろりとした衣に粘りを出さないように作ります。秋刀魚に粉をまぶしてから衣をつけると、衣がはがれません。

材料 4人分

秋刀魚（さんま）	2尾
[衣]	
卵水（卵1個＋冷水）	160ml
小麦粉	100g
カレー粉	大さじ1
[つけ合わせ]	
キャベツ	適量
ウスターソース	適量
●揚げ油	

■1人分380kcal ■塩分1人分0.9g ■調理時間20分

a 衣は、泡立て器を使ってさっくりと混ぜる。

b ポイント フライパンに1cmほどの油を入れ、170℃に熱する（菜箸を入れて小さな泡が出るくらい）。たっぷりの衣をつけて入れる。

作り方

●下ごしらえ
1
秋刀魚は水洗いし、三枚におろし、腹骨をすき取る。（→P68,69）
キャベツはせん切りにして、水に放してパリッとさせ、水けをきる。

●衣を作る
2
卵と冷水をボウルに入れて溶き混ぜ、ふるった小麦粉、カレー粉を加えてさっくりと混ぜる（a）。

●揚げる
3
フライパンの油を170℃に熱する。
秋刀魚に適量の小麦粉（分量外）をまぶす。

4
尾のつけ根を持って2の衣をつけ、揚げ油に入れ（ポイントb）、返しながらこんがりと揚げる。
器に秋刀魚の天ぷら、キャベツのせん切りをあしらう。ウスターソースを添える。

Yoshiharu Doi's HOME COOKING RECIPE

魚のおかず

油で揚げることで魚のにおいを少なくし、油の旨味をプラスします。さらに煮て、油の重さを落として、さらに大根おろしでおいしいだし汁をからめとって食べる。理にかなった料理です。▶鰯（いわし）は鮮度が落ちにくい冬場がおすすめですが、油で揚げるので、一年を通して安心しておいしく食べられます。鯖（さば）の切り身や秋刀魚（さんま）で作ってもよいでしょう。

土井レシピ 37

鰯のおろし煮

調理の狙いは…

水洗いの簡単な鰯を生かします。揚げることで、魚嫌いの人も食べやすく。
おいしいだし汁が大根おろしにからむように仕上げます。
水洗いした鰯はきれいに水けをふき取ります。
たっぷりの大根おろしを加えて揚げ煮します。

材料 4人分

鰯（いわし）	8～10尾（1尾80g）
大根	1/2本（400g）
青ねぎ	1本（30～40g）

[煮汁]

二番だし	1½カップ（→P137）
砂糖	大さじ1
みりん	大さじ1
薄口しょうゆ	大さじ4
七味唐辛子	好みで

●小麦粉、揚げ油

■1人分392kcal 塩分1人分3.3g
■調理時間30分

作り方

1　水洗い
鰯は鮮度のよいものを求め、うろこを除き、頭を落として腹を切り、内臓を除いて、流水で血合いをよく流し全体をきれいに洗って、水けをふき取る（→P68）。

2　煮汁の準備
煮汁の材料を中鍋にすべて入れて用意する。大根はおろしてざるに上げておく。ねぎは斜め切りにする。

3　揚げる
鰯は小麦粉をまぶす。フライパンに約170℃に揚げ油を温め、鰯を揚げる（a）。

4　煮る
鰯が揚がるタイミングに合わせて煮汁を火にかけ、静かに煮立ったら鰯を入れる。水けをきった大根おろしを入れて、ねぎを加え、全体をひと煮立ちさせて火を止める（ポイントb）。器に盛り、好みで七味唐辛子をふる。

a　こんがりと揚げ色がつくまで揚げる。

b　ポイント
調味料を煮立て、揚げたての鰯を入れて、次に水けをきった大根おろしを入れて、ひと煮して完成。

土井レシピ **38**

Yoshiharu Doi's HOME COOKING RECIPE

魚のおかず

鰯（いわし）をこっくり煮たお料理です。通常の魚の煮つけと違って、時間をかけて煮ますので、最初の1〜2本は鰯の骨も食べられてしまいます。▶冷蔵庫で冷たくするとゼラチン質が煮こごって、身がねっとり固くなりますが、これもまたおいしいものです。

鰯のしょうが煮

調理の狙いは…

冷めてもおいしく濃いめの味に煮上げます。しょうがをたっぷりと使うことで臭みを除くことができて、さらにしょうがの香味が料理を華やかにします。落としぶたをして煮汁が少なくなるまでゆっくり煮詰めます。

材料 4人分

- 鰯（いわし）：8〜10尾（1尾80g）
- しょうが：80g

[煮汁]
- 水：1カップ
- 酒：大さじ3
- みりん：大さじ2
- 砂糖：大さじ2
- しょうゆ：大さじ5

■1人分 298kcal ■塩分 1人分 3.6g ■調理時間 25分

作り方

1 水洗い
鰯は鮮度のよいものを求め、うろこを除き、頭を落として腹を切り、内臓を除いて、流水で血合いをよく流し全体をきれいに洗って、水けをふき取る（→P68）。

2 しょうがの準備
しょうがは皮のまましっかり洗って、せん切りにする。

3 煮る
煮汁の材料を中鍋に入れて温め、しょうがの半量を敷いて鰯を並べ入れる。残りのしょうがを上にかぶせる（a）。

4
落としぶたをして中火で15分ほど煮る。煮汁が1/4量くらいになるまで煮詰める（ポイントb）。

a 鰯は重ならないように並べて、しょうがをたっぷり加える。

b ポイント 煮汁を回しかけながら、煮汁が1/4くらいになるまで煮詰めていく。

土井レシピ 39

鯖のみそ煮

魚のおかず — Yoshiharu Doi's HOME COOKING RECIPE

鯖（さば）みそは、みその種類、合わせ方でずいぶんとできあがりが変わります。日常に使われているおみそに塩分の少ない白みそを足すことで、煮汁にソースのようなとろみがつきます。▶鯖は寒くなる11月くらいから脂がのり始めます。つけ合わせには焼きねぎなどもよく合います。

調理の狙いは…
鯖にふわりと火を通して、ほどよくたれを煮詰めること。甘みをきかせた煮汁で鯖に八分通り火を通して、みそを溶いてゆっくり煮詰めていきます。

箸で割れば、中は真っ白。煮汁ソースをからめます。

材料 4人分

鯖（切り身）	4切れ（1切れ100g）
しょうが	40g
[煮汁]	
水	1カップ
酒	1/2カップ
砂糖	大さじ3
みりん	大さじ3
信州みそ	80g

■1人分 328kcal　■塩分1人分 2.9g　■調理時間 20分

作り方

1　下ごしらえ
しょうがは皮ごとよく洗って、ぬれぶきんをかけて肉たたきなどの道具で割り、輪切りにする。
鯖は皮目に切り込みを入れる。

2　煮る
鍋に分量の水、酒、砂糖、みりんを入れて火にかけ、軽く煮立ったところに鯖を入れて煮る。
しょうがを入れ、鯖に煮汁を回しかけてから落としぶたをして、
中火で5～6分煮て鯖に火を通す。

3
2にみそを溶き入れて（ポイントa）、
落としぶたをし、中火のまま7～8分煮る（b）
（煮汁が少なくなったら、弱火にしていく）。
煮汁をからめて盛りつける。

ポイント 
a　魚に九分通り火を通したらみそを溶く。
b　落としぶたをして煮汁がとろりとするまで煮る。

PART.2 素材で選ぶレシピ：魚

土井レシピ **40**

Yoshiharu Doi's HOME COOKING RECIPE　　　　　　　　　　　魚のおかず

いかのゲソをボイルして売っています。からし酢みそでそのままで食べてもよいですが、ここでは豚肉と煮ました。いかが豚肉の味になって、豚肉がいかの味になります。互いが生かされます。▶一年中おいしく調理できます。春にはアスパラガスの直がつお煮、初夏にはいんげんのごまあえ、秋には冬青菜の煮びたし、冬〜初春にはほうれん草のおひたしなど、季節の野菜料理を添えましょう。

いか豚

調理の狙いは…

いかと豚肉をいっしょに煮込んで旨味を残し、かつ、ほどよいやわらかさに仕上げること。豚肉の大きさは大きすぎず小さすぎず、いかゲソは食べやすくぶつ切り、煮汁を煮詰め、からめて仕上げます。

材料 2人分

いかゲソ（いか足ボイル）	300g
豚バラ肉（かたまり）	200g
しょうゆ	大さじ2/3
ねぎ	1本
しょうが	30g

[煮汁]
酒：1/2カップ　水：1½カップ　酢：大さじ2
砂糖：大さじ3　しょうゆ：大さじ1

●黒こしょう、サラダ油

■1人分730kcal　■塩分1人分3.5g　■調理時間30分

作り方

1 材料を切る
いかは、食べやすく切る。豚肉は2cm厚さの一口大に切り、しょうゆで下味をつける。ねぎは2〜3cm長さ、しょうがは皮つきのまま輪切りにする。

2 炒める
中華鍋にサラダ油大さじ1を熱し、豚肉を入れ、焼き色をつける。

3 煮る
2にねぎ、しょうが、いかを加え（ポイントa）、さらに酒、分量の水、酢を加えて強火で煮立てる。煮立てばアクを取り、砂糖、しょうゆを加え、落としぶたをして、中火で20分ほど煮る。落としぶたを取り、強火にして煮汁を煮詰め、照りよくからめ（b）、黒こしょう少々をする。

a 焼き色をつけた豚肉のフライパンに、いかゲソなど残りの材料を入れる。

b 仕上げはこってりと煮汁を煮詰めながらからめて完成。

+1 COLUMN 02

魚の水洗い

by Yoshiharu Doi

　魚のおいしさは鮮度と比例します。釣り上げたばかりの鮮度のよい魚には、魚の臭みは全くないし、おいしさに驚かされたという経験は、皆さんもきっとあるでしょう。特に青背の魚などは鮮度がよければとびきりおいしいものですね。

　海に囲まれた日本の魚料理は、お造りや江戸前寿司に象徴されるように、世界一と言われています。その世界一の技術とは何でしょう？　それは鮮度を保つ技術なのです。そのおかげで私たちは、海から遠く離れた町に住んでいても安心しておいしいお刺身が食べられるのです。

　鮮度を落とさない技術とは、言い替えれば、雑菌（腐敗菌）を増やさない技術です。雑菌は温かさと水分を好み、栄養のある有機物に付着して猛烈な勢いでその数を増やします。それが鮮度が落ちることであり、味を落とすことであり、腐るというプロセスです。そこに食中毒菌が存在すれば、私たちの体を傷つけることになるのです。

　ですから鮮度を保つとは、腐りやすい部位である鱗（うろこ）や内臓、血をきれいに除き取り去ることです。さらに表面にある水分をふき取ることです。これらの手順すべてを魚の水洗いと言います。

　格言に「鰯（いわし）は七回洗うと鯛（たい）になる」とありますが、値の安い鰯であっても、きれいに水洗いすれば鯛のような高価な魚に負けないほどおいしくなるという意味です。魚の下ごしらえ（水洗い）の大切さを表している言葉です。

水洗い とは、鱗（うろこ）、頭、内臓、血合い、血、水分を除き取ることです。

1　鰯は、「鱗」をこそげとって、「頭」を落とす。

2　腹を切って「内臓」を除く。

3　「血合い」を洗って「血」をきれいに洗い流す。

4　「水分」を完全にふき、取り除く。

● 水洗いは、魚を求めたら、できるだけ早くすることです。

● 水洗いは手早く行い、水分がつかないよう、乾燥しないようにして、使うまで冷蔵庫で管理します。

● 一尾の魚に限らず、切り身であっても、水けをふき取ってから冷蔵庫に入れることで、鮮度が落ちにくくなります。

1　2　3　4

+1 COLUMN | 03

魚をおろす

by Yoshiharu Doi

　魚をおろすことができれば、料理の幅はぐんと広がります。魚をおろすとは、魚から骨を取り除くことです。骨を除いた上身の魚料理は、お刺身や〆もの、天ぷらやフライ、ムニエルや蒲焼き、ピカタになります。さらにそれを、和食、洋食、中国の味に仕立てます。一つの魚がどれだけ多くの料理に変化するか、一気にレパートリーは広がります。

　魚をおろすとは、魚から骨を除くことと言いました。もう少し理解をすすめるために、魚の骨の構造を頭に描いてみてください。魚の骨は、平べったいですね。魚類は人と同じ脊椎動物ですから、頭からまっすぐ背骨があって、尾びれまでまっすぐに伸びています。魚の背骨を中骨と言います。中骨から背びれまで骨があって、腹側に内臓を守るあばら骨（腹骨）があって、中骨から尻びれにも骨があります。

　もう一度整理しますので、頭の中で魚おろしを理解してください。

三枚におろした秋刀魚です ▶▶

［中骨］と［上身］2枚で、三枚おろしと言います。

一、一枚の板になった骨の両側に、身（上身）があります。

一、骨から、身を外すことが魚をおろすことです。

一、魚をまな板に寝かします。まな板と平行に魚の骨はあります。

一、包丁の角度を、まな板、魚の骨と平行に動かして、身を外します。

　これが、魚をおろすということです。できそうに思いませんか？

　最初から上手にはできませんが、身が残っても構いませんから、一度チャレンジしてみてください。

腹骨をすき取る

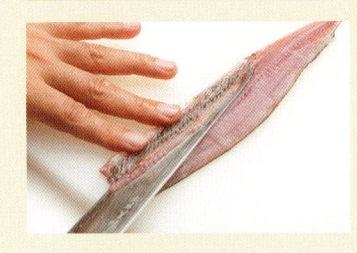

腹骨は、「食べるときに小骨が気になりそう」と思えば先に除いておきます。

●腹骨は、包丁を手前に引いてすき取ります。よく見て腹骨の下に包丁をくぐらせてください。

鰯（いわし）の手開き

●身のやわらかい鰯は、包丁を使わずとも、手で身を開くことができます。

1 水洗いした鰯の腹側から親指を差し入れます。

2 親指のつめを中骨に当てて添わせ、両側に開きます。

3 尾の先を折って、中骨を引っ張って外します。

PART 2 素材で選ぶレシピ：野菜
Yoshiharu Doi's HOME COOKING RECIPE

> 調理の狙いは…
> さいの目に切った根菜は歯切れをほどよく残し、ししとうは風味を生かします。
> 少なめの煮汁を短い時間で煮詰めて炒り煮にし、煮汁をからめて仕上げます。

野菜のおかず

Yoshiharu Doi's HOME COOKING RECIPE

筑前煮は根菜の煮ものですが、作りやすい煮ものの定番ですから、夏にも楽しみたい。そこでししとうを入れました。ししとうの青臭みは夏の香りです。▶ししとうは夏から秋の野菜。ししとうでなければピーマンでもいいですね。夏の新もののごぼうやれんこん、にんじんは、みずみずしくて煮えるのが早いです。

土井レシピ **41**

筑前煮

作り方

●下ごしらえ

1
干ししいたけは2～3時間以上水に浸してやわらかく戻し、1cm角に切る。鶏肉も1cm角に切る。
ごぼうはよく洗い、れんこんは皮をむいてどちらも1cm大の乱切りにし、水にさらしてアクを抜く。
にんじんは洗って1cm角に切る。こんにゃくはスプーンで小さめの一口大にちぎり、2～3分下ゆでする。
ししとうはヘタを取り、半分に切って、水の中でもみ洗いしてざっと種を除く（ポイントa）。

●炒め煮する

2
鍋にサラダ油大さじ1を温め、鶏肉を入れて焼き、一度取り出す。サラダ油大さじ1を補い、ごぼう、れんこん、にんじんをよく炒める。
次にこんにゃく、しいたけを炒め、ししとうも加えて軽く炒めて、煮汁の材料を加え、鶏肉を戻して強火で煮立てる（b）。
アクがあれば取り、砂糖大さじ4を入れて落としぶたをして中火で6分ほど煮て、しょうゆ大さじ2、塩小さじ1/3を加え、さらに8分ほど煮て、落としぶたをとり、煮汁が完全になくなるまで炒りつける。

材料 4人分

干ししいたけ	5枚
鶏もも肉	1枚（200g）
ごぼう	1本（150g）
れんこん	大1節（150g）
にんじん	1本（150g）
こんにゃく	1/2枚（180g）
ししとう	3パック（180g）

[煮汁]
酒：1/2カップ
水：1カップ

●砂糖、しょうゆ、塩、サラダ油

■1人分304kcal ■塩分1人分1.9g
■調理時間40分（干ししいたけを戻す時間を除く）

ポイント

a 材料の切り出し。

b 少なめの煮汁で煮ても、野菜から水分が出てくるので大丈夫。

PART_2 素材で選ぶレシピ：野菜

土井レシピ **42**

Yoshiharu Doi's HOME COOKING RECIPE

野菜 のおかず

里いもの煮ころがしに牛バラ肉を入れて煮ました。
この煮ものの里いもだけを食べても、お肉の味がしておいしいです。
▶このように里いもの皮を姿のままこそげることができるのは、秋の新ものが出回るときです。

里いもと牛肉の煮ころがし

調理の狙いは…

里いものぬめりや真味を逃さず、牛肉とともに煮ることで、牛肉の旨味を煮からめることです。里いもの皮はむかずに薄皮をこそげとり、旨味を閉じ込めて炒り煮にします。里いもは、秋の収穫時期が調理しやすいでしょう。

材料 4人分

| 里いも | ： | 12個（600g） |
| 牛バラ肉（かたまり） | ： | 400g |

[煮汁]
- 水　：　2½カップ
- 酒　：　1/2カップ
- 砂糖　：　大さじ3
- しょうゆ　：　大さじ3

●サラダ油

■1人分630kcal　■塩分1人分2.1g　■調理時間50分

作り方

下ごしらえ

1
里いもは皮をこそげむく（a）。
牛バラ肉は1.5cm厚さに切る。

炒める→煮る

2
鍋にサラダ油大さじ1を熱し、
里いもを入れて炒め、焼き色をつける。
牛肉を加えて、煮汁の水と酒を入れて、
煮立ったらアクを取り、
砂糖を加えて落としぶたをして5～6分煮る。

3
しょうゆを加えて30分ほど煮て、
煮汁がほとんどなくなるまで煮上げる。
落としぶたを取って煮汁をからめて
仕上げる（ポイントb）。

a
里いもの皮はこのようにこそげ取る。テーブルナイフを使ってもよい。

b ポイント
里いもの表面に調味料がからむ。割れば中は白い。中まで味がしみ込む必要はない。

野菜のおかず

Yoshiharu Doi's HOME COOKING RECIPE

土井レシピ **43**

べーじゃが

調理の**狙い**は… 一口大のじゃがいもを皮つきのまま火を通して、濃い煮汁に煮からめて仕上げます。かたまりのベーコンの厚切り、たたいてつぶした皮つきのにんにくをいっしょに煮て火を通し、旨味の強い煮汁を煮詰めてからめます。

「べーじゃが」という語呂のよさは相性のよさだと思います。まずはじゃがいもを食べて、次にベーコンを。するとまたじゃがいもが食べたくなります。▶新じゃがは4月ごろから出回りますが、掘りたてのものが新もので、大きさは関係ありません。小さなものは通年出回っています。ちなみに新じゃがのおいしさはみずみずしさにあります。時間をおくにつれ身が充実して旨味が増し、ほくほくしたおいしさに変わります。

材料 4人分

新じゃがいも	約600g
ベーコン（かたまり）	200g
にんにく	3片
二番だし	3カップ（→P137）
砂糖	大さじ2
しょうゆ	大さじ2½

● サラダ油

■1人分407kcal ■塩分1人分2.8g ■調理時間45分

作り方

1 ●下ごしらえ
じゃがいもは、水の中で手でこすりあわせるようにして、泥を落として洗う。ベーコンは1cm厚さに切る。にんにくは皮つきのまま軽くつぶす。

2 ●炒める→煮る
片手鍋にサラダ油大さじ2を熱して、じゃがいもの表面を5〜10分ほど炒めて焼き色をつけ（ポイントa）、にんにく、ベーコンを加え、二番だしを加える（b）。沸いたらアクをとり、砂糖を加える。

3 ●からめる
しょうゆ大さじ1½を加えて落としぶたをして、中火で約25分ほど、煮汁がほとんどなくなるまで煮る。仕上げにしょうゆ大さじ1を加えて鍋をあおって残りの煮汁をからめ、仕上げる。

ポイント

a じゃがいもはこんがり焼き色がつくまで炒める。

b だしを入れて煮る。ベーコンを使った煮ものにもよく合う。

土井レシピ **44** | Yoshiharu Doi's HOME COOKING RECIPE

野菜のおかず

薄く切って炒めることで大根料理が手軽になります。違う野菜のようになります。
▶大根は冬がやわらかくておいしいですが、夏大根の辛みのあるもので作ってもおいしくできます。

大根と牛肉の炒めもの

調理の狙いは…

大根の水分をほどよく飛ばして歯切れを残して炒め、
牛肉と食べ合わせよく仕上げます。
大根の厚みを意識して切り出し、フライパンに広げて焼き炒めます。
均一に焼き色をつけようと思わないこと。鍋が汚れやすい肉は
あとから炒めることで、全体がきれいに仕上がります。

材料 4人分

- 大根 ： 1/6本（150g）
- 牛切り落とし肉 ： 120g

[下味]
- 砂糖 ： 大さじ1
- しょうゆ ： 大さじ1
- こしょう ： 少々

● サラダ油

■1人分123kcal ■塩分1人分0.7g
■調理時間20分

作り方

1 下ごしらえ
大根は皮つきのまま縦に割り、
3mm厚さに切る。
牛肉は食べやすく切って、
下味の砂糖、しょうゆ、こしょうを
もみ込む（a）。

2 炒める
フライパンにサラダ油大さじ1を熱して、
大根を焼き炒めて焼き色をつけ、
一度取り出す（ポイントb）。

3
フライパンに油大さじ1/2を補って、
牛肉を広げて炒め、
ほぼ赤みがなくなったら
大根を戻して、あおって味をなじませる。

a 牛肉に下味をつける。

b ポイント 大根は焼き色がつくように炒めて取り出す。

野菜のおかず | Yoshiharu Doi's HOME COOKING RECIPE

土井レシピ 45

お肉の中で一番味の強い牛肉と野菜の中でも味の強いごぼうを合わせます。とても相性のよい取り合わせです。▶新ごぼうは初夏から出回りますが、夏の間はやわらかく調理しやすいものです。冬のごぼうは固くなります。

肉ごぼう

材料 4人分

ごぼう	1½本（240g）
牛切り落とし肉	300g
しょうが	60g
[煮汁]	
二番だし	2カップ（→P137）
砂糖	大さじ4
酒	大さじ3
しょうゆ	大さじ3
●サラダ油	

■1人分313kcal ■塩分1人分2.1g
■調理時間30分

調理の狙いは…

ごぼうの姿、味わいの力強さをそこなわないように仕上げたいものです。
ごぼうの切り出しは、細いところは長めに、太いところは短めにします。
ごぼうは太くても煮る時間を長くすればやわらかく煮えます。
長く煮る場合は、必要に応じて水分を補ってください。

作り方

1　下ごしらえ
ごぼうはたわしで洗って
7～8mm厚さの斜め切りにし、
5分ほどアク抜きをする。
牛肉は2cm幅に切る。
しょうがは洗って皮つきのままたたき、
薄切りにする。

2　炒める→煮る
鍋にサラダ油大さじ2を熱し、
ごぼうを中火で炒める（ポイントa）。
油が回ったら、しょうがを入れて炒める。
さらに牛肉、だしを加え（b）、
煮立ったらアクをとる。
次に砂糖、酒、しょうゆを加え、
落としぶたをして弱火で煮汁が
少なくなるまで20～30分ほど煮る。

ポイント

a 冬の太めのごぼうで作りたい料理。大きく切ってやわらかく煮る。

b 炒めたごぼうの鍋に、牛肉を入れてだしで煮る。

PART 2 素材で選ぶレシピ：野菜

土井レシピ 46

Yoshiharu Doi's HOME COOKING RECIPE

野菜のおかず

とても簡単な調理ですが、おいしく作るのはかなり難しいものです。いつでもおいしく作れるようになれば、相当な腕前です。ささがきは粗めに作るほうがおいしいでしょう。厚みがそろわなくてもかまいません。ささがきは慣れれば、1本分ぐらいあっという間にできてしまいます。▶ごぼうは通年出回る保存のきく野菜です。土つきのほうが風味が落ちにくいです。

きんぴら

調理の狙いは…

程よくぱりぱりした歯ごたえに煮仕上げることです。その歯ごたえが、食卓に変化をもたらします。比較的粗いささがきを作って、水分を加えずに短時間で炒め、調味料を炒りつけます。

材料 2人分

ごぼう	1/2本（100g）
赤唐辛子	1本
砂糖	大さじ1
みりん	大さじ1
しょうゆ	大さじ1

●サラダ油

■1人分135kcal ■塩分1人分1.3g ■調理時間15分

作り方

1 下ごしらえ

ごぼうはたわしで洗ってささがきにし（a）、水に放しアク抜きをする。赤唐辛子はヘタを切って、種を除き、小口から薄く切る。

2 炒める

鍋を温めサラダ油大さじ1を入れて、ごぼう、赤唐辛子を入れて炒め、砂糖、みりん、しょうゆを加えて、水分がなくなるまで炒りつける（ポイントb）。

a ごぼうをまな板に置き、包丁の腹をあてて、内側を指で軽く押さえて角度をのせてそぎ取る。

b ポイント 調味料を炒りつける。

野菜のおかず　　　Yoshiharu Doi's HOME COOKING RECIPE

土井レシピ 47

野菜のフライパン蒸し

パッとふたを開けたとき、目に鮮やかな緑が飛び込んできます。
生でも食べられるくらいの野菜を、軽く火を通して食べるホットサラダです。
▶春から初夏の水分を多く含んだ野菜なら、格別おいしく作れます。

調理の狙いは…
見た目にも色鮮やかにきれいに仕上げることが、おいしさにつながります。野菜は小さく切りすぎないで姿を残してかっこよく切り出し、火の通し加減は、野菜の色が鮮やかになり、いくぶん表面にしなやかさを感じればよし。これで野菜はミディアム程度に蒸し上がっています。

材料 4人分

小かぶ	2個
玉ねぎ	小1/2個
ズッキーニ	1本
トマト	小1個
オクラ	2本
ラディッシュ	3個
スナップえんどう	5本
ベーコン（かたまり）	60g
オリーブオイル	大さじ1
[しょうゆドレッシング]	
薄口しょうゆ	大さじ1
オリーブオイル	大さじ2
酢	大さじ1
●塩	

■1人分175kcal　■塩分1人分1.1g　■調理時間15分

作り方

1 材料を切る
小かぶは皮をむいて2つ割りにし、真ん中に切り込みを入れる。玉ねぎは2つ割り。ズッキーニは半割りを2つに切る。トマトは2つ割り。オクラはガクを取る。ベーコンは好みに切る。

2 蒸す
フライパンに1とラディッシュとスナップえんどうを入れて、水1/4カップ、オリーブオイル、塩少々をして、ふたをして（ポイント）2～3分蒸し煮にする。完全に火を通そうと思わず、軽く火が入った程度でよい。

3 ドレッシングを作る
しょうゆドレッシングの材料をよく混ぜ合わせる。2を皿に盛り、パンを添える。

ポイント
少量の水、オリーブオイルを入れたら塩をしてふたをし、蒸し煮にする。

PART.2 素材で選ぶレシピ：野菜

土井レシピ **48**

Yoshiharu Doi's HOME COOKING RECIPE

野菜のおかず

夏の野菜が持つ水分だけで煮るから、味わいが深くなります。
▶一年中出回る夏野菜でも、夏に食べたほうが本当の味がします。

ラタトゥイユ

調理の狙いは…
ベーコンとトマトを先に煮詰めたトマトソースに、
炒めた野菜を入れてなじませるように蒸し煮します。

材料 4人分

トマト	1個 (200g)
にんにく	1片
ベーコン（かたまり）	90g
玉ねぎ	1個 (200g)
ズッキーニ	1本 (200g)
なす	2本 (200g)
パプリカ（赤）	1個 (200g)
天然塩（なければ塩）	少々
オリーブオイル	大さじ2

■1人分210kcal　■塩分1人分0.7g
■調理時間25分

作り方

1 材料を切る
トマトはヘタを取ってざく切り、
にんにくはたたいて皮をむき粗みじん切り、
ベーコンは1cm幅に切る。
玉ねぎ、ズッキーニ、なす、パプリカは、
すべて一口大に切る。

2 鍋で煮込む
鍋にオリーブオイル大さじ1、にんにく、
ベーコンを入れて火にかけ、
香りが出ればトマトを入れて、
中火で煮込み始める（a）。

3 フライパンで炒める
フライパンにオリーブオイル大さじ1を
温めてズッキーニ、パプリカを軽く
塩をして焼き、2の鍋に移す（ポイントb）。
次いで、なすも同様に炒めて鍋に移し、
玉ねぎも同様に炒めて鍋に移す。

4 共に煮込む
ふたをして10分ほど
中火で蒸し煮にする。

a　にんにく、ベーコン、トマトを煮込み始める。

b **ポイント**　トマトが煮くずれればトマトソースができる。そこに別に炒めた野菜を入れて、蒸し煮にする。

| 野菜 | のおかず | Yoshiharu Doi's HOME COOKING RECIPE | 土井レシピ |

ポテトサラダもただマヨネーズであえるだけでなく、野菜そのもののおいしさを生かしたいと思います。最後にさっくりと混ぜれば、盛りつけるときに彩りがきれいで楽しいものです。▶一年中いつ作ってもおいしいものです。夏にはゆでたとうもろこしを加えたりして、旬を大切にしてください。

49 ポテトサラダ

調理の狙いは…
一つ一つの食材をおいしく、美しく色鮮やかにすることで、味わいに冴えを出します。下ごしらえを丁寧にして、混ぜるときは混ぜすぎないこと「きれいだな」と思ったときが混ぜるときのおいしいときです。

作り方

1 下ごしらえ

[じゃがいものボイル]
じゃがいもは皮をむいて3つに切り、水からやわらかくなるまでゆでる。つぶして粗熱をとる。

[きゅうりもみ]
きゅうりは小口切りにし、2%の塩（ここでは2g）をふってしばらくおく。しんなりすれば、固くしぼったふきんで包んで水けをしぼる（a）。

[さらし玉ねぎ]
玉ねぎはみじん切りにし、塩小さじ1/2をふって固くしぼったふきんで包み、ぬめりが出るまで手でもんで（b）、水の中でぬめりを洗ってしぼる。

[にんじんのボイル]
にんじんはいちょう切り。熱湯でゆで、水けをきる。

[ゆで卵]
卵は水からゆで、煮立ったら8分ゆでて冷水にとり、余熱を止め冷ます。殻をむき、エッグカッターで切る。

[ハム]
ロースハムは短冊切りにする。

2 あえる

すべての具材をじゃがいものボウルに入れて、マヨネーズ、塩、レモン汁をしぼってざっくりとあえる。こしょう少々をふる。

材料 4人分

じゃがいも	4個（400g）
きゅうり	1本（100g）
玉ねぎ	1個（100g）
にんじん	1/4本（60g）
卵	2個
ロースハム	60g
マヨネーズ	100g
レモン汁	1/2個分

● 塩、こしょう

■1人分330kcal ■塩分1人分1.6g ■調理時間25分
（じゃがいもの粗熱をとる時間を除く）

それぞれの下ごしらえを丁寧にすれば、おいしくできる。

PART_2 素材で選ぶレシピ：野菜

土井レシピ 50

かぼちゃの直がつお煮

Yoshiharu Doi's HOME COOKING RECIPE

野菜のおかず

かつお節をこさないで、そのまま煮ものに入っているわけですから、家族向けのお料理です。横着ですが、これもおいしいものです。
▶ かぼちゃの旬は夏から秋です。冬至のお料理としても、どうぞ。

調理の狙いは…

かぼちゃそのものの味わいを生かし、手早く煮上げることです。材料が重ならずに入るように、鍋の大きさと落としぶたを選んでください。削りがつおはピンク色が残った鮮度のよいものを使うと魚の臭みが出ません。

材料 4人分

かぼちゃ	1/4個（450〜500g）
[煮汁]	
水	1カップ
削りがつお	ひとつかみ
砂糖	大さじ2
みりん	大さじ1
しょうゆ	大さじ1

■1人分147kcal ■塩分1人分0.7g ■調理時間25分

作り方

1 下ごしらえ
かぼちゃはわたと種をスプーンで取り、天地を落とす。
3〜4cm角に切って、ところどころピーラーで皮をむく。

2 煮る
鍋にかぼちゃ、煮汁の水と削りがつおを入れて（ポイントa）火にかけ、沸騰してから砂糖、みりんを入れて落としぶたをして6分ほど煮る。
しょうゆを入れて、煮汁が1/3量くらいになり、かぼちゃがやわらかくなるまで（b）5〜10分煮る。

ポイント

a 鍋にかぼちゃと水を加えて、削りがつおを入れて煮ていく。

b 大きめに切ったかぼちゃにやわらかく火が通っているか確認する。

野菜のおかず　　　　　　　　　　　　　　　　　　Yoshiharu Doi's HOME COOKING RECIPE

土井レシピ 51

小かぶと鶏だんごのスープ煮

調理の狙いは…　ふわふわにやわらかい鶏だんごとともに、小かぶにやわらかく火を通すことです。鶏ひき肉と等量の、水に浸した食パンを加えてまとめ、かぶが煮立ったところに落とします。

軽〜い肉だんごのスープ煮です。やさしい食感に合わせて、味つけもやさしくしてください。
▶小かぶは春から秋に出回ります。冬場は大きなかぶで、皮を厚くむいて作ります。

材料 4人分

小かぶ	8個
[鶏だんご]	
鶏ひき肉	200g
卵	1個
小麦粉	大さじ1/2
しょうが汁	15g分
塩	小さじ1/3
食パン（6枚切り）	1枚
水	5カップ
昆布（15cm角）	1枚
酒	大さじ3
薄口しょうゆ	大さじ3

■1人分182kcal ■塩分1人分3.0g ■調理時間40分

作り方

1　下ごしらえ
かぶは茎を少し残して、筋が気にならないように皮を厚くむき、水に放す。食パンは水に浸し、水けを固くしぼる。

2　鶏だんごを作る
鶏だんごの食パン以外の材料をボウルに入れて滑らかに練り混ぜ、さらに食パンを加えて（a）混ぜる。

3　鶏だんごを鍋に落とす
鍋に分量の水、昆布を入れて火にかけ、かぶを加えて（ポイントb）煮立てる。鶏だんごの生地を、丸くしぼり出し（c）、鍋に落とす。

4　煮る
酒、薄口しょうゆで味をつけ、落としぶたをして20分間煮る。

a 肉種に食パンを合わせるので、ふわりとした生地になる。

b ポイント　かぶは水から煮始める。

c 生地を手でにぎって丸くしぼり出す。慣れなければ2本のスプーンで適当に形作ってもよい。

PART 2 素材で選ぶレシピ：野菜

土井レシピ **52**

Yoshiharu Doi's HOME COOKING RECIPE

野菜のおかず

いつも備えている野菜3つをいっしょに煮ました。薄味ですから、お椀によそって煮汁とともに食べてください。▶いつの季節でも、その季節なりにおいしくできあがります。鶏肉を少し入れていますが、肉は入れないで濃い味の肉料理と組み合わせ、バランスをとってもよいでしょう。

じゃがいも、にんじん、玉ねぎの煮もの

調理の狙いは…

野菜のやさしい味わいをこわすことなく、煮くずれないように火を通します。じゃがいもの大きさによって、2つまたは3つに切り分けます。火加減は、落としぶたの下の煮汁がきれいに煮立つ程度に調整します。火が通るほどに、火は弱めていきます。

材料 4人分

じゃがいも	4個（520g）
にんじん	1本（150g）
玉ねぎ	1個（300g）
鶏もも肉	150g

[煮汁]

酒	1/3カップ
二番だし	3カップ（→P137）
砂糖	大さじ1
みりん	大さじ2
塩	小さじ1

● サラダ油

■1人分294kcal ■塩分1人分1.7g ■調理時間40分

作り方

1 材料を切る

じゃがいもは皮をむき、2つに切る。
にんじんは皮をむき、3cm大に切る。
玉ねぎは皮をむいて4等分に切る。
鶏肉は2cm角くらいの一口大に切る（a）。

2 炒める→煮る

鍋でサラダ油大さじ1を熱して、鶏肉を炒め、表面の色が変わったら一度取り出す。

3

2の鍋でじゃがいもを炒め、
表面が透き通るようになじめば、
にんじん、玉ねぎを入れて鶏肉を戻し、
煮汁の酒と二番だしを入れる。

4

煮立てばアクを取り、落としぶたをして、
砂糖、みりん、塩で味をつけ、
そのまま20〜25分ほど煮る（ポイントb）。

a 材料の切り出し。

b ポイント 野菜にやわらかく火が通れば煮上がり。

野菜のおかず

Yoshiharu Doi's HOME COOKING RECIPE

土井レシピ 53

「炊いたん」とは関西の言い方で「煮もの」のことです。関西で言うところの「てんぷら」は魚のすり身を揚げたものです。江戸前の天ぷらは「揚げもの」です。親しみのある白菜を、てんぷらから出るだしでおいしく煮ます。炊きたてよりも、冷めて冷たいものを食べるとおいしいです。▶冬のずしりと重い白菜はやわらかく甘いのです。

白菜とてんぷらの炊いたん

材料 4人分

- 白菜 : 1/6株（300g）
- すり身のてんぷら : 2枚
- 二番だし : 1½カップ（→P137）
- 薄口しょうゆ : 少々（好みで）
- ●塩

■1人分40kcal　■塩分1人分1.1g
■調理時間15分

調理の狙いは…

白菜を食べやすくやわらかく、旨味のある煮汁を含ませます。
白菜は丁寧に下ゆで（蒸し煮）して、水けをしぼり、
旨味のある食材とともに煮ます。

作り方

1　下ゆでする

水1カップを沸かしたフライパンに
白菜を入れ、ふたをする。
蒸気がもれてきて1分たったらふたを開け、
白菜を返し、再びふたをして、
さらに1分火を通して蒸しゆでにする。
ざるに上げて、塩少々をして冷ます。
3～4cm幅のざく切りにして水けをしぼる。

2　煮る

鍋にだし、食べやすく切ったてんぷらを入れて
煮立て、よく水けをしぼった白菜を
入れ（ポイントa）、塩小さじ1/3で味をつけて
（こうすることで水っぽくならない）、
沸騰してしばらく、味がなじむくらい煮る。
味をみて、好みで薄口しょうゆを
落としてもよい。煮上がりを冷やすと、
白菜の色がきれいな仕上がりに（b）。

ポイント

a　下ゆでした白菜は水けをよくしぼってから煮汁に入れる。

b　煮上がった鍋底を冷やすことで、色がきれいに仕上がる。

PART.2 素材で選ぶレシピ：野菜

土井レシピ **54** | Yoshiharu Doi's HOME COOKING RECIPE — 野菜のおかず

白菜のような淡白な食材をクリーム煮にしました。女性はやさしくて温かいクリーム煮が好きな人が多いように思います。▶冬の白菜を使ったあたたかい季節のお料理です。

白菜とツナのクリーム煮

調理の狙いは…
やわらかな白菜を滑らかなクリームとなじませることです。
下ゆでした白菜は、水煮してとろみをつけてから
クリームを加えることで、分離することなくなじみます。

材料 4人分
- 白菜：1/4株（500g）
- ツナ缶（水煮）：1缶（135g）
- 水：1½カップ
- 生クリーム：1/4カップ
- 水溶き片栗粉：大さじ1½
  （水：片栗粉＝1：1）
- ●塩

■1人分101kcal　■塩分1人分1.0g
■調理時間15分

作り方

●下ゆでする
1
水1カップを沸かしたフライパンに白菜を入れ、ふたをする。
蒸気がもれてきて1分たったらふたを開け、
白菜を返し、再びふたをして、
さらに1分火を通して蒸しゆでにする。
ざるに上げて、塩少々をして冷ます。
3～4cm幅のざく切りにして
水けをしぼる。

●煮る
2
鍋に分量の水、ツナ（缶汁ごと）（ポイントa）、
塩小さじ1/2を入れて強火にかけ、
煮立てば白菜を加えて煮る。

3
2の火を弱めて煮立ちを止めて、
水溶き片栗粉を加えて（b）
煮立ててとろみをつけ、
生クリームを加えて仕上げる。

ポイント

a 水煮のツナ缶を、その煮汁ごと利用する。

b 白菜が煮えれば、先に水溶き片栗粉でとろみをつけてから生クリームを加える。

野菜のおかず　　Yoshiharu Doi's HOME COOKING RECIPE

土井レシピ 55

ご飯がすすむなすのお料理です。きれいな切り込みはほめられます。
▶なすは6月の中頃になって、初めて露地ものが出回ります。
夏のなすは調理しやすく皮もやわらかで、色も茄子（なす）紺に美しく仕上がります。

なすの田舎煮

材料 4人分
- なす：5〜6本（600g）
- 赤唐辛子：2本
- 水：1カップ
- 砂糖：大さじ1½
- しょうゆ：大さじ3
- ●サラダ油

■1人分140kcal　■塩分1人分2.0g
■調理時間25分

調理の狙いは…
旬のなすをやわらかく、色よく煮上げることです。
なすに切り込みを丁寧に入れて、油で丁寧に炒めて、
落としぶたをして水煮にします。

作り方

1　下ごしらえ
なすはガクを取り、縦半分に切り、
皮に細かく切り込みを入れて（ポイントa）
斜め半分に切って、水にさらしてアクを抜く。
赤唐辛子は種を取り、半分に切っておく。

2　炒める
鍋にサラダ油大さじ3を熱し、
なすを油がなじむまで炒め、
赤唐辛子を加える（b）。

3　煮る
2に分量の水、砂糖を加え、煮立ったら
落としぶたをして、中火で4〜5分煮る。

4
3にしょうゆを加え、再び落としぶたをして
煮汁が1/3量になるまで8分くらい中火で煮る。
煮上がったらそのまましばらくおいて、
味をなじませる。

ポイント

a　切り込みは丁寧に。包丁をしっかり動かして押し切りにする。

b　なすは油との相性がよい。なじむまでよく炒める。

PART 2 素材で選ぶレシピ：野菜

土井レシピ 56

Yoshiharu Doi's HOME COOKING RECIPE

野菜のおかず

きゅうりもみは酢のものの基本の技術です。目分量でさっと作れるようになりたいものです。直に塩を当てることで、きゅうりらしく青臭いきゅうりもみができます。▶みずみずしいきゅうりは夏の野菜です。きゅうりをかじると水分をしっかりゆっくり吸収できます。

きゅうりとたこの酢のもの

調理の狙いは…

きゅうりの青臭さを残した、塩辛くならないきゅうりもみにすることです。きゅうりもみが辛くならないように塩の量を適量にして時間をおいてしんなりさせ、水けのきり方を丁寧にします。

材料 4人分

- きゅうり：2本
- ゆでだこ：200g
- しょうが：15g
- 米酢：1/2カップ

●塩、砂糖

■1人分78kcal　■塩分1人分1.1g
■調理時間10分（きゅうりとたこを冷やす時間を除く）

作り方

1 下ごしらえ

きゅうりは小口切りにする。塩小さじ1をして、しばらく置いてしんなりとさせ、水けをしぼる（a）。

2

ゆでだこは酢洗い（酢は分量外）する（b）。
小口から3mm厚さに切る。
ボウルにきゅうりとたこを入れ、
冷蔵庫で冷やしておく（ポイントc）。

3 あえる

いただく直前に、酢と砂糖大さじ1を
合わせたものであえ、器に盛る。
おろしたしょうがを添える。

a きゅうりもみは、さらしのふきんでキュッとしぼる。しぼり具合の加減が大切。

b ゆでだこは酢洗いすれば、酢の殺菌効果で安心して食べられる。

c ポイント
ボウルにきゅうりとたこを入れ、30分ほど冷蔵庫で冷やしておく。食べる直前にあえる。

野菜 のおかず　　　Yoshiharu Doi's HOME COOKING RECIPE

土井レシピ 57

小かぶの漬けもの

大きめに切ったかぶをガブリとかじるおいしさがあります。温かいご飯のおかずになります。
▶初夏から秋深くまで出回ります。

調理の狙いは…

小かぶの「身」は大ぶりに、小気味よい歯切れを残して漬けて、「葉」も食べやすく漬けます。小かぶの分量を量って、塩の分量を計算して、押しをします。押しの強さが歯切れにつながります。強すぎてもダメ、調度よくです。いっしょに漬けた繊維の強い葉は、細かく刻みます。

材料 4人分

小かぶ：	中6個（600g）
塩：	かぶの3％ ここでは大さじ1⅕（18g）
すりごま： （炒りごまの粗ずり）	大さじ1

■1人分39kcal　■塩分1人分2.2g
■調理時間10分（漬け込む時間はのぞく）

作り方

下ごしらえ

1
小かぶは2つ切りにして、
切り込みを入れる（ポイントa）。
葉は色の変わったところを
取り除いてゆで、水にとってしぼる。

漬ける

2
漬けもの容器に入れ、
塩をまぶして、押しをする。

3
一晩おいてなじませる（b）。
いただくときは、水けをしぼって器に盛る。
葉は細かく切り、
水けをしぼってすりごまと混ぜて添える。

ポイント

a　かぶには切り込みを入れる。

b　即席漬けの容器で押して塩をなじませる。

PART.2 素材で選ぶレシピ：野菜

土井レシピ **58**

Yoshiharu Doi's HOME COOKING RECIPE

野菜のおかず

欧州では、保存食として作られるのですが、ここでは保存食というよりもすぐに食べる酢漬けとして作りました。おいしく食べられる2〜3日のうちに食べ切るピクルスです。
▶夏の野菜を漬け込みました。れんこんなどの根菜はゆでてから漬け込みます。

野菜と卵のピクルス

調理の狙いは…

だれもが食べやすいように酸味を控えめにして、かつ歯切れよく漬けることです。酢を水で薄めて砂糖を加えて、酸味を抑えます。食べ頃（2〜3日）の間に食べ切ります。酸味を抑えた酢漬けは、日数を置くと歯切れがなくなってきます。

材料
▼作りやすい分量

パプリカ（赤）	1個（100g）
きゅうり	2本（200g）
にんじん	1本（150g）
卵	2個（120g）
塩	具材の2% ここでは大さじ1（15g）
レモン（薄切り）	4〜5枚
赤唐辛子	3本

[漬け汁]
米酢、水	各1カップ
砂糖	大さじ5

■全量405kcal　■塩分全量7.1g　■調理時間15分
（なじませる時間や漬けておく時間は含まない）

作り方

1 下ごしらえ
野菜は食べやすく
4〜5cm長さ 1cm角に切る。

2
ボウルに1の野菜を入れ、
塩を混ぜ合わせ、
1時間ほどおいてなじませる（ポイントa）。

3 卵をゆでる
卵は水からゆでて、
沸騰してから約8分で水にとり、
冷めたら殻をむいておく。

4 漬ける
漬け汁に野菜と赤唐辛子、レモン、
卵を加えて混ぜ合わせ、
半日ほどおく（b）。

ポイント

a　2％の塩をしておくと、水けが出てくる。

b　すべての材料を入れ、ひたひたの漬け汁に漬ける。

調理の狙いは…
最近の豆腐は味が濃いので、塩だけで味を調えます。ほうれん草のゆで方はしっとりやわらかめにし、十分に水に放して冷まします。切ってからもう一度しぼります。

野菜のおかず　　　　　　　　　　　　　　Yoshiharu Doi's HOME COOKING RECIPE

土井レシピ 59 ほうれん草の白あえ

ほうれん草のおかず3品です。ほうれん草は、蒸しゆでにすることで湯を沸かさず手早くゆでられます。水に十分に放してアクを抜きます。また、ほうれん草のしぼり加減でずいぶんと味わいが変わりますから、手加減を意識してください。野菜料理は味つけや材料を重くせず、ほどよくおいしくします。▶ほうれん草は、冬に根っこが赤くなったものがやわらかくておいしいです。春先まで雪の下でおいしさが持続します。冬は虫がいないので農薬も少ないし、安心です。

材料 4人分

ほうれん草	1束(200g)
木綿豆腐	2/3丁

● 塩

■1人分46kcal　■塩分1人分1.0g　■調理時間15分

作り方

1　下ゆでする
ほうれん草は、ボウルに水を張って、根元に十字の切り込みを入れ、汚れを落として洗う。

2
フライパンに水1/3カップを煮立て、ほうれん草を入れてふたをして、強火で蒸しゆでにする（a）。蒸気がもれるようになって約1分、一度ふたをとって返し、再びふたをして、また蒸気がもれるようになってからさらに1分蒸しゆでにする。十分に水に放して冷ます。

3
ゆでたほうれん草を食べやすく切る。

4　水きり
木綿豆腐をふきんで包み、巻きすでくるみ、皿などの重しをのせて10分ほど水きりする（b）。

5　あえる
ボウルに水けをしぼったほうれん草を入れ、塩小さじ2/3で味つけして、つぶした豆腐であえる（ポイントc）。

a　少量の水分で蒸しゆでにする。

b　豆腐は巻きすでくるんで重しをして水きりする。

c　**ポイント**　塩で味をつけたら、つぶした豆腐を加えてさっくりとあえる。

土井レシピ 60 ほうれん草のおひたし

野菜のおかず Yoshiharu Doi's HOME COOKING RECIPE

ほうれん草は食べる直前にゆでてください。削りがつおは色のよい新しいものを。澄んだしょうゆを自分で適量かけていただきます。冬のほうれん草がおいしい季節であれば毎日でもよいでしょう。

材料 4人分

ほうれん草	1束（200g）
削りがつお	適量
しょうゆ	適量

■1人分16kcal ■塩分1人分0.5g ■調理時間10分

作り方

- 下ゆでする
  1. P88の作り方1、2を参考にほうれん草を洗い、蒸しゆでにする。十分に水にとって冷ます。
  2. ゆでたほうれん草を食べやすく切る。
- あえる
  3. 根元をほぐしてもう一度水けをしぼる。ボウルに入れ、削りがつおであえる。鉢に盛り、しょうゆを添える。

土井レシピ 61 ほうれん草のごまあえ

野菜のおかず Yoshiharu Doi's HOME COOKING RECIPE

ほうれん草のおひたしのバリエーションです。ごまは丁寧に炒ることで香りが引き出されます。

ポイント
炒りごまをすり鉢で軽くつぶすことで香りが立つ。

材料 4人分

ほうれん草	1束（200g）
炒りごま（好みのごまをこうばしく炒ったもの）	大さじ2½（ここでは白ごま）
砂糖、しょうゆ	各小さじ1

■1人分40kcal ■塩分1人分0.2g ■調理時間10分

作り方

- 下ゆでする
  1. P88の作り方1、2を参考にほうれん草を洗い、蒸しゆでにする。十分に水にとって冷ます。
  2. ゆでたほうれん草を食べやすく切る。
- あえる
  3. すり鉢でごまをすり（ポイント）、砂糖としょうゆで味を調える。ゆでたほうれん草を加えてさっくりとあえ、盛る。

PART 2 素材で選ぶレシピ：その他
Yoshiharu Doi's HOME COOKING RECIPE

調理の狙いは…

辛みを入れなくても
おいしくなるように
豆腐を煮ることです。
辛くしようと思って
豆板醤を入れすぎると
塩辛くなることがあります。
きちんと弱火で、色が変わるまで豆腐を煮込んで、
味を含ませて引き出します。

PART 2 素材で選ぶレシピ:その他 卵・豆腐・豆・乾物

土井レシピ 62

Yoshiharu Doi's HOME COOKING RECIPE

その他のおかず

麻婆豆腐は炒めものではありません。ちゃんと煮込んでください。わたしがいつも使っている信州みそで作りましたが、赤だしみそを使うと色が濃く雰囲気が出ます。お好きであれば、最後に粉山椒をたくさんふっても。▶体がホカホカしますから冬でもおいしいし、暑い夏に食べてもおいしいです。それぞれの季節の野菜料理を献立に入れてください。

麻婆豆腐

材料 4人分

絹ごし豆腐	1½丁
豚ひき肉	150g
ねぎ	1/2本 (70g)
しょうが	20g
にんにく	2片
赤みそ	60g
豆板醤	小さじ1
粉山椒	小さじ1½
砂糖	大さじ2
酒	1/4カップ
水	1カップ
水溶き片栗粉	大さじ1
(水:片栗粉＝1:1)	
ごま油	大さじ1

● サラダ油

■1人分314kcal ■塩分1人分1.9g ■調理時間30分

作り方

1 下ごしらえ
豆腐はさいの目切りにする。
ねぎ、しょうが、にんにくはそれぞれみじん切りにする。

2
みそ、砂糖、酒、水を計量しておく。

3 炒める
フライパンにサラダ油大さじ2を熱し、
しょうが、にんにくを炒める。
香りが出てきたらひき肉を加えて炒め、
ひき肉がぽろぽろにほぐれたら、みそを加えて
炒りつけるようにしてなじませる（ポイントa）。
豆板醤を加えて、やはり炒りつけるようにしてなじませ、
さらに砂糖、酒、分量の水を加える。

4 煮る
1の豆腐とねぎを加えて合わせる（b）。
煮立たせたのち、軽く煮立つくらいの火加減にして
4〜5分煮て味を煮含める。最後に水溶き片栗粉を回し入れて
とろみをつけ（c）、粉山椒、ごま油を回しかけて火を止める。

a ポイント
ひき肉に完全に火を通したところにみそを加える。

b
白い豆腐の色が変わるまで、弱火で煮込む。

c
煮立ちを止めて水溶き片栗粉を加える。再び火をつけて大きく混ぜながらとろみをつける。

| その他 のおかず | Yoshiharu Doi's HOME COOKING RECIPE | 土井レシピ 63 |

ポテトコロッケとクリームコロッケの魅力を重ねました。
卵のコロッケはとてもやさしいコロッケです。
▶つけ合わせの野菜に季節感を取り入れてください。

卵コロッケ

材料 4人分

- 卵：4個
- じゃがいも：3個（400g）

[ホワイトソース]
- バター、小麦粉：各40g
- 牛乳：2カップ
- 塩：小さじ1/2
- こしょう、ナツメグ：各少々

[衣]
- 小麦粉：適量
- 溶き卵：適量
- パン粉：適量

●揚げ油、塩

■1人分610kcal ■塩分1人分1.9g ■調理時間25分
（粗熱をとる時間は除く）

作り方

1 ●下ごしらえ

卵は水から火にかけて沸騰したら8分間ゆで、水にとり、殻をむいて粗く刻む。
じゃがいもは皮をむいて3つ割りくらいにし、水からやわらかくゆでて粉ふきいもにしてボウルに移し、塩小さじ1/3を加えて粗くつぶす。
じゃがいものボウルに卵を合わせる。

2 ●ホワイトソースを作る

鍋にバターを入れて中火にかけ、溶けて泡立ってきたら小麦粉をふり入れて、木べらで絶えず混ぜながら炒りつける。
小麦粉がなじんできたら牛乳を少しずつ1/3量くらいまで加えていき（ポイントa）、木べらでよく混ぜ続ける。
全体がなめらかに混ぜ合わさったら、また牛乳を少しずつ1/3量くらいまで加え、同じように繰り返す。
仕上げに塩、こしょう、ナツメグを加える。

3 ●衣をつける→揚げる

1に2のホワイトソースを混ぜ合わせる（b）。
冷めたら8等分にして形を整え（c）、小麦粉、溶き卵、パン粉の順に衣をつけて、170℃の油でこんがり揚げる（d）。

●つけ合わせ
[3色の野菜ミックス（4人分）] さやいんげん少量は色よくゆでで1cm長さに切る。にんじん少量は皮をむき、8mm角に切ってゆでる。いんげんとにんじん、ゆでて身を取ったとうもろこし少量を合わせて塩、こしょう各少々をする。

ポイント

a 溶けて泡立ってきたバターに小麦粉を加えて、泡立ちが沈むくらいまで火を入れてから牛乳を加える。

b 種の具材にホワイトソースを合わせる。

c ぬらした手で丸くまとめ、衣をつける。

d 菜箸でコロッケを転がしながら、きつね色になるまで揚げる。

PART.2 素材で選ぶレシピ…その他　卵・豆腐・豆・乾物

調理の狙いは…

やさしい味わいの食材をおいしいホワイトソースで包み込むことです。
じゃがいもは煮くずれないように余熱を使ってゆでます。
卵は黄身の色を残して正確にゆでます。
ホワイトソースは粉にきちんと火を通します。
パン粉は手作りにするとおいしさが倍になります。

調理の狙いは…

豆腐、ゴーヤー、豚肉。それぞれに応じて火を通して味をつけ、おいしさを引き出すことです。そのためには、素材を別々に炒め、それぞれに軽く塩で味つけし、最後に合わせて卵でくるみます。沖縄では別々に炒めることはないようですが、別々に炒めれば、具材からの水も出にくくなります。

土井レシピ 64

Yoshiharu Doi's HOME COOKING RECIPE

その他のおかず

ゴーヤーは苦いものですが、薄めに切れば、苦みが抑えられて食べやすくなります。厚みが変われば、火を通す時間も変わります。料理しながら、加減をよく見るとこんな感じでよいという感覚が身についてくるものです。▶ゴーヤーの盛りは夏です。色の濃いものは水分が少なくて苦みの強い加熱用。色が薄くて白っぽいものは水分が多いので、ジュースなどに使われることが多いようです。

ゴーヤーチャンプル

材料 4人分

ゴーヤー	1本(280g)
豚バラ肉(薄切り)	120g
木綿豆腐	1丁(300g)
卵	2個
黒こしょう	少々
しょうゆ	大さじ1/2

● サラダ油、塩

■ 1人分 272kcal ■ 塩分 1人分 0.8g ■ 調理時間 25分

a 種とわたはスプーンで取る。

c **ポイント** 別々に炒めて、最後にひとつに炒め合わせる。

b 豆腐は動かさず、きつね色の焼き色をつける。

d 仕上げに卵を加えて、火が通ったら返して、卵で全体をくるむようにして完成。

作り方

1 材料を切る

ゴーヤーは両端を落とし、縦に2つ割りにしてスプーンで種とわたを除き（a）、小口から3〜5mm厚さに切る。豚肉は2cm幅に切る。

2 焼き炒める

フライパンにサラダ油大さじ1/2を強火で熱し、豆腐を手で割りながら加え、焼き色をつける（b）。薄塩をして裏面も焼き、一度取り出す。サラダ油大さじ1を補い、ゴーヤーを入れて焼き炒め、全体が軽くしんなりするまで炒め、一度取り出す。サラダ油大さじ1/3を補い、豚肉を広げて焼き、焼き色をつけ、豆腐とゴーヤーを戻し入れる（ポイントc）。
※豆腐から水が出ているようであれば、水分は捨てる。

3 溶き卵を入れて火を通す

鍋肌からしょうゆを回し入れる。卵は溶いて半量を入れ、軽く返したら残りも入れて（d）、軽く火を通して仕上げる。黒こしょうをふる。

土井レシピ 65

茶碗蒸し

その他のおかず | Yoshiharu Doi's HOME COOKING RECIPE

きれいに蒸し上げて出された茶碗蒸しは、不思議とご馳走な感じがします。実際に食べるタイミングに合わせて、蒸し上がりをいただくと、想像を超えたおいしさがあります。できたてが食べられるのは、家庭ならではかもしれません。▶百合根やぎんなんの旬は秋深くなってからです。寒い季節の春待ちというやさしいイメージがあります。具を代えて、また何も入れない夏の冷製の茶碗蒸しもおいしいです。

調理の狙いは…

口当たりよく蒸し上がった卵といっしょに食べる一つ一つの具が、おいしく感じられるようにすることです。それぞれの具は下ゆでなどの丁寧な下ごしらえと、茶碗に入れてから、具に塩を軽くすることで、旨味が引き出されます。

材料 4人分

[卵液]
- 卵：2個
- 二番だし：卵の量の3倍量（→P137）
- 塩：小さじ1/2

[具]
- 鶏もも肉：60g
- 海老：4尾
- 干ししいたけ：小4枚
- 百合根：1/2個
- かまぼこ：4枚
- ぎんなん：8個
- 三つ葉：4本

■1人分 120kcal　■塩分1人分 1.4g
■調理時間 30分

作り方

1　卵液を作る
卵は溶いて、塩で味つけしただしを合わせて、ざるで一度こして卵液を作る。

2　具を準備する→器に入れる
鶏肉は1人2切れになるように切る。海老は頭を取って背わたを抜き、尾を残して殻をむく。干ししいたけはやわらかく戻して軸を切り、2つに切る。百合根はばらして、根の茶色い部分を取り除き、固ゆでにする。かまぼこはそぎ切り、ぎんなんはカナヅチなどで殻を割り、殻をむいて色よくゆでる。三つ葉は3cm長さに切る。

3
茶碗蒸しの器に2の具を入れ、塩少々（分量外）をふり、卵液をそそぐ（a）。

4　蒸す
蒸気のたった蒸し器の中段に茶碗蒸しを入れて、ふきんをかけて、ふたをして少しずらし（ポイントb）、15分間蒸す。

a 具を入れてから、卵液をそそぐ。

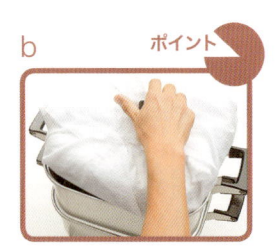

b　ポイント さらしのふきんをかけて、弱火で蒸す。ふたのすき間から蒸気が静かに出るくらい。

PART 2 素材で選ぶレシピ・その他 卵・豆腐・豆・乾物

土井レシピ **66**

Yoshiharu Doi's HOME COOKING RECIPE

その他のおかず

卵とひき肉とケチャップ味…。親しみのあるだれもが好きなお料理です。
▶一年を通じておいしく食べられます。緑の野菜のおひたしやサラダを取り合わせます。

おかずオムレツ

調理の狙いは…
具のおいしさと卵がなじむようにします。じゃがいもを先に炒めて火を通りやすくして、玉ねぎ、ひき肉を入れて焼き色をつけて炒めます。

材料 2人分

卵	4個
合いびき肉	60g
玉ねぎ	1/2個（60g）
じゃがいも	1個（100g）

●塩、こしょう、サラダ油、バター

■1人分360kcal ■塩分1人分1.0g ■調理時間15分

作り方

●下ごしらえ
1
玉ねぎは5mm幅に、
じゃがいもは1cm角に切る。
卵はボウルに溶いておく。

●炒める
2
フライパンにサラダ油大さじ1を熱して
じゃがいもを炒め、薄塩をする。焼き色がつけば
玉ねぎを加えて炒め、透き通るようになれば
ひき肉を加え、塩、こしょう各少々をして
ほぐして火を通す（ポイントa）。一度取り出す。

●卵でくるむ
3 ▼1人分ずつ作る
フライパンにバター10gを熱し、卵2個に
塩少々をして入れて、手早く混ぜて半熟に火を通す。
2を半量のせて（b）、くるりと巻いてくるむ。
くるむ手順は、フライパンを前後に揺すって
全体を向こう側へずらし、フライパンを
向こう側に傾けて卵を具にかぶせる。
手前の卵もかぶせ、さらに向こうへ寄せながら
包み込む。フライパンの柄を逆手で持って、
皿にかぶせるようにして盛りつける。
もうひとつも同様に焼く。

ポイント

a 2〜3種類の具を、フライパンの手前と向こう側を使って、具材にきちんと火があたるように炒め分ける。

b 卵が半熟になったら、具を縦長に置く。そのままフライパンを横に返して、皿に巻き取る。

材料 2本分	
卵	6個
砂糖	大さじ5
しょうゆ	大さじ1
●サラダ油	

■全量749kcal ■塩分全量3.8g
■調理時間5分

その他のおかず

Yoshiharu Doi's HOME COOKING RECIPE

土井レシピ 67 卵焼き

だしの入らない卵焼きは、扱いやすくて作りやすいです。ほどよく焦がして、焼いた卵の香ばしさを引き出します。完全に火が通る前に返すことで巻きがほどけません。

作り方

●卵液を作る

1　卵は溶きほぐし、砂糖としょうゆを加えて混ぜ合わせる。

●焼く

2　卵焼き器を熱し、サラダ油大さじ1/3をぬってなじませる。周囲の立ち上がりにもぬる。
❶卵液を玉じゃくしに2/3量ほど取り、中火で焼く。表面がぷくぷくとふくらんできたら、菜箸で突くように空気を抜き、半熟程度に火を通し、卵を向こう側から手前に返して（a）3つ折りに巻きこむ。
❷鍋の向こう側に油をぬってから（b）、卵を鍋の向こう側に動かし、手前にも油をぬる。
❸再び卵液を流し入れ、巻いた卵の下にも箸を差し込んで、卵液を流す（c）。
❹先と同様に卵に火を通し巻き重ねてゆく。これを卵液がなくなるまで繰り返し、焼き上げる。

a　向こう側から手前に卵を巻き取る。

b　油をぬって、卵を向こう側に寄せる。手前にも油をぬる。

c　卵液を流して、先の卵の下にも卵液を入れ込む。火を通して手前に巻き込む。

その他のおかず

Yoshiharu Doi's HOME COOKING RECIPE

土井レシピ 68 だし巻き卵

だし汁と卵の割合は、比較的作りやすい分量にしています。手順を覚える（段取り）、卵を返す（技術）、火の通り加減を見極める（感性）の3つを身につけることがおいしいだし巻きの要領です。そんなに簡単ではありませんが、ときどき作っていれば得意料理の一つになります。

材料 2本分	
卵	6個
二番だし	3/4カップ（→P137）
塩	小さじ1/2
大根おろし、しょうゆ	各適量
●サラダ油	

■全量677kcal ■塩分全量4.3g
■調理時間5分

作り方

●卵

1　だしに塩を加えて溶かし、溶きほぐした卵に加えて混ぜ合わせる。

●焼く

2　卵焼き器を熱し、サラダ油大さじ1をぬってなじませる。周囲の立ち上がりにもぬる。
このあとは、
上記「卵焼き」卵焼きの2❶から❹と同じ手順で焼いていく。器に盛り、大根おろしを添える。

98

PART 2 素材で選ぶレシピ・その他 卵・豆腐・豆・乾物

土井レシピ **69**

Yoshiharu Doi's HOME COOKING RECIPE

その他のおかず

洋風のピリ辛の豆料理です。パンを添えましたが、ご飯にも合います。
パスタにもアレンジできるでしょう。
▶ 一年中おいしく食べられますが、季節の野菜料理と組み合わせましょう。

チリコンカン風煮豆

調理の狙いは…

旨味の濃い、味のよくなじんだ煮豆に仕上げることです。豆は時間をかけて煮るものです。下ゆででは豆をやわらかくして、一度に煮上げず、数回に分けて煮てもよいでしょう。さらに気長に煮込みます。

材料 ▼作りやすい分量

大豆	300g
牛ひき肉	200g
しょうが	40g
にんにく	2片
玉ねぎ	1個（250g）
ホールトマト缶	1缶（内容量400g）
米酢	1/2カップ
レッドペッパー	小さじ2
塩	小さじ1 2/3
砂糖	大さじ1
●サラダ油	

■全量2221kcal　■塩分全量10.1g
■調理時間3時間（大豆を戻す時間を除く）

作り方

1 ● 豆の準備
大豆は洗ってかぶるくらいの水に浸けて一晩戻す。翌日、そのまま戻し汁ごと火にかけ、40～50分ゆでる。

2 ● 下ごしらえ
しょうがは洗ってすりおろす。にんにくもすりおろす。玉ねぎはみじん切りにする。

3 ● 炒める→煮る
煮込み鍋にサラダ油大さじ2、しょうがとにんにくのすりおろしを入れて、香りが立ってくれば、玉ねぎを入れて薄いあめ色に色づくまで炒める（a）。さらにひき肉を入れて炒りつけて火を通し、ホールトマト、米酢を入れて煮る。さらにレッドペッパーを加えて十分に煮立て、塩、砂糖を加える。

4
3にゆで大豆をゆで汁ごと入れて煮立て、火を弱めて、ふたを少しずらして煮込む。約2時間ときどき混ぜながら、煮汁がなくなるまで煮る（ポイントb）。

a 玉ねぎは強火で炒める。

b **ポイント** ゆっくりと時間をかけて。仕上がりは煮汁がきちんとなくなるまで煮詰めたら完成。

その他のおかず　　　　　　　　Yoshiharu Doi's HOME COOKING RECIPE

土井レシピ 70

豚バラ肉のおから

おからは豆腐のしぼりかすですから、安くて栄養価が高い食材です。上手に利用してください。
▶一年中おいしく食べられます。お肉のおからですから、色のある野菜料理と組み合わせましょう。

調理の狙いは…
味作りの難しいおからを、明快な分かりやすい味わいに仕立てます。
豚バラ肉を加えることでより作りやすく、分かりやすいおかずになります。
煮詰め加減は、水分がなくなった時が火の止め頃です。
冷ますときも、ときどき混ぜるくらいにして水分を程よく飛ばします。

材料（作りやすい分量）

おから	1パック（約300g）
豚バラ肉（薄切り）	120g
しょうが	50g
にんじん	1本（130g）
煮干し	10g
切り昆布	10g
砂糖	大さじ2
しょうゆ	大さじ1
酒	大さじ3
塩	小さじ1/2
水	3カップ

●サラダ油

■全量1252kcal　■塩分全量7.4g　■調理時間30分

作り方

1　材料を切る
しょうが、にんじんは3mm幅4cm長さに切る。
豚バラ肉は2cm幅に切る。
煮干しは魚の生臭みが出ないように、内臓と頭を除き、適当に裂く。
切り昆布は、はさみで3cmほどの長さに切る。

2　炒める→煮る
鍋にサラダ油を熱して、
にんじん、しょうが、煮干しを炒め、
なじめば豚肉を入れて（ポイントa）、炒めて火を通す。
砂糖、しょうゆ、酒を加えて味をつけ、
炒りつけながら煮詰めて、
煮汁がほぼなくなれば、おから、
切り昆布を入れて混ぜてなじませる。
さらに塩、分量の水を入れて煮立て、
煮汁がなくなるまで煮る（b）。

ポイント
a 野菜と肉を炒め煮にして、おからのベースの味作りをする。
b おからを加えてゆっくりと煮ていく。煮汁がなくなれば完成。

土井レシピ **71**

Yoshiharu Doi's HOME COOKING RECIPE

その他のおかず

高野豆腐のオランダ煮

短時間で作れる、揚げ煮にした高野豆腐のお料理です。油の味がプラスされて、お肉のように食べやすくなります。▶いつ作ってもおいしいご飯のおかずになります。高野豆腐は乾物ですから保存がききますが、一年のうちに使い切りましょう。

調理の狙いは…

高野豆腐に油の旨味をプラスして、手早く味を含ませることです。戻した高野豆腐の水分は、しぼりすぎると固く仕上がります。水分を残しすぎると水臭くなります。微妙なことですが、しぼり加減が大切です。揚げ加減は少し色づくほどに。

材料（作りやすい分量）

- 高野豆腐 : 3個
- 小麦粉 : 適量

[煮汁]
- だし汁 : 1½カップ
- しょうゆ : 大さじ2
- みりん : 大さじ1

[つけ合わせ]
- 絹さや（ゆがく） : 50g

●揚げ油

■全量 560kcal　■塩分全量 6.0g　■調理時間 15分（高野豆腐を戻す時間を除く）

作り方

1 下ごしらえ
高野豆腐はパッケージの表示通りに戻す。戻したら水けを軽く押さえて（a）、食べやすい大きさに切る。

2 揚げる
1に小麦粉をまぶして、170℃の油でこんがりと揚げる（ポイントb）。

3 煮る
煮汁の材料を温め、高野豆腐、下ゆでした絹さやを入れて、1〜2分煮る。

a 戻した高野豆腐の水分を、手のひらで押さえてしぼる。

b ポイント　小麦粉をまぶして、少し色づくまで揚げる。

その他のおかず　　　　　　　　　　　　　　　　Yoshiharu Doi's HOME COOKING RECIPE

土井レシピ 72

切り干し大根の煮もの

調理の狙いは…
ほんの少し歯切れを残して、軽く仕上げます。切り干し大根の戻し加減によって煮上がりが変わります。このごろは、少し固めに戻したほうがおいしく感じる人が多いようです。

「切り干し」、「ひじきの炊いたん」。常にどちらかはあってほしいほどの身近な、基本の家庭料理です。冷たくしたものもおいしいですね。▶食べやすいですから、しょっちゅう作ります。

材料 4人分

切り干し大根（乾）	40g
油揚げ	1枚
赤唐辛子（小口切り）	1本分
砂糖	大さじ2
しょうゆ	大さじ2

■1人分81kcal　■塩分1人分1.4g
■調理時間25分(切り干し大根を戻す時間を除く)

作り方

● 下ごしらえ

1
切り干し大根は、
洗って3カップの水に10分ほど浸けて戻し（a）、
水けをしぼって食べやすく切る。
戻し汁はとっておく。
油揚げは1cm幅の短冊切りにする。

● 煮る

2
鍋に1の切り干し大根を戻し汁ごと入れ、油揚げ、
赤唐辛子を加えて火にかける（ポイントb）。
煮立ったらアクを取り、砂糖を加えて、
落としぶたをして中火で5分ほど煮る。

3
2にしょうゆを加え、落としぶたを取り、
煮汁が約1/3量になるまで10分ほど煮る。

a 切り干し大根は7〜8倍の量になるので、多めの水で戻す。

b **ポイント** 鍋に切り干し大根と戻し汁を入れ、油揚げ、赤唐辛子も入れて煮始める。

土井レシピ **73**

Yoshiharu Doi's HOME COOKING RECIPE

その他のおかず

ひじきの五目煮

小さな小鉢に盛るイメージではありません。薄味に仕立てましたから、たくさん食べられます。
▶一年中おいしく食べられるお料理です。

調理の狙いは…

仕上がりを軽い味わいにして、サラダのようにたくさんいただけるおかずにします。だしを使わず水で煮ることですっきりした軽い味わいになります。さらにしょうゆをたっぷり入れて味をシャープに、しょうゆだけでなく塩をプラスして味をはっきりとさせます。

材料

▼作りやすい分量

芽ひじき（乾物）	30g
しょうが	50g
にんじん	1/2本（100g）
れんこん	1節（80g）
油揚げ	1枚
水	2カップ
砂糖	大さじ3
しょうゆ	大さじ2
塩	小さじ1/3

●サラダ油

■全量502kcal　■塩分全量7.9g
■調理時間30分（ひじきを戻す時間を除く）

作り方

1
下ごしらえ

芽ひじきはさっと洗って、
水に20分ほど浸して戻し、水けをきる。
しょうがは洗ってせん切りにする。
にんじん、れんこんは皮をむいて、
2mm厚さの半月に切り、れんこんは水にさらす。
油揚げは短冊に切る。

2
炒める→煮る

鍋にサラダ油大さじ1を熱して、
にんじん、れんこんを炒め、ついで油揚げ、
しょうがを入れてなじませる。
さらにひじきを合わせ（ポイントa）、
分量の水、砂糖を入れて、落としぶたをして、
5〜6分煮る。

3

しょうゆ、塩を加えて（b）、
さらに15分ほど煮汁がほぼなくなるまで煮る。

ポイント

a 根菜は油で炒めてなじませ、ひじきを入れる。

b 薄めに味つけしておき、仕上げに塩で味をしめる。

土井レシピ 74

春雨サラダ

その他のおかず

彩り美しく仕上げてください。味が濃くならないようにすると冷製の麺料理としていただけます。▶一年通じて作れますが、気温が上がってくるとこういうあっさりとしたものが食べたくなります。

調理の狙いは…

それぞれの食材の歯切れは、アクセントとなる旨味のバランスをとることです。春雨は固めに戻します。調味料を吸ってちょうどよくなります。

材料 4人分

- 春雨：50g
- きゅうり：1本
- ハム：70g
- もやし：150g
- 卵：1個
- ちくわ：1本

[しょうゆだれ]
- 薄口しょうゆ：大さじ2
- 米酢：大さじ4
- 砂糖：大さじ2
- ごま油：大さじ2
- 炒りごま：大さじ1

● 塩

■1人分229kcal　■塩分1人分2.6g　■調理時間40分

作り方

1　春雨の準備
春雨は熱湯で3分ゆでて水にとり、ざるに上げて水けをきる。十字に包丁を入れ、食べやすい長さにする。

2　具の準備
きゅうり、ハムはせん切りにする。もやしはひげ根をとって、ゆでてざるに上げて薄塩をして冷ます（a）。卵は薄焼きにして錦糸卵にする。ちくわは薄切りにする。

3　たれを作る
しょうゆだれの材料を混ぜる。

4　あえる
春雨と他の具を3でしっかりあえて（b）、冷たく冷やす。

a　もやしのゆであがりはざるにあけて、塩を少しして水っぽさを取る。

b　すべて混ぜてなじませる。

PART 3 今日のごはん・めん・パスタ
Yoshiharu Doi's HOME COOKING RECIPE

レシピ No.75 » 85
ごはん

レシピ No.86 » 94
めん　パスタ 他

PART 3 今日のごはん・めん・パスタ
Yoshiharu Doi's HOME COOKING RECIPE

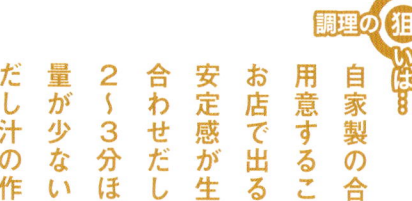

調理の狙いは… 自家製の合わせだしを用意することで、お店で出る親子丼のような安定感が生まれ、風味よく作れます。合わせだしは、煮立ててから2〜3分ほど弱火で煮詰めます。量が少ないのですぐに作れますから、だし汁の作り置きはそれほど考えなくてもよいと思います。

106

PART 3 今日のごはん・めん・パスタ 他

土井レシピ 75 | Yoshiharu Doi's HOME COOKING RECIPE　　ごはん

鶏肉と卵で親子丼です。丼の基本形です。なんでもない料理ですが、おいしくできればうれしいです。
▶一年中、お昼ご飯などに作ってください。軽いみそ汁をつけます。

親子丼

材料 4人分

[丼だし]
- しょうゆ ： 1/2カップ
- みりん ： 1/2カップ
- 砂糖 ： 大さじ4
- 水 ： 2カップ
- 昆布 ： 5cm
- 削りがつお ： 5g

- 鶏肉 ： 200g
- かまぼこ ： 1/2本
- 干ししいたけ ： 2～3枚
- 三つ葉 ： 1/3束
- 卵 ： 6個
- ご飯 ： 4杯分

■1人分654kcal　■塩分1人分3.7g
■調理時間25分（干ししいたけを戻す時間を除く）

作り方

1 　丼だしを作る
丼だしは材料を小鍋に全部入れて、中火にかけて煮立ってから、2～3分煮て（a-1）、ふきんでこす（a-2）。

2 　材料を切る
鶏肉は一口大に切る。かまぼこは斜め切り、干ししいたけは2～3時間かけて十分に戻して薄切りにする。三つ葉は2cm長さに切る。

▼2人分ずつ作る

3 　煮る
小さめのフライパン（直径20cm）に、丼だし1カップ、具の鶏肉、かまぼこ、干ししいたけ、三つ葉（具はすべて半量）を入れて中火で煮る。

4 　溶き卵を流し込む
火が通れば、卵を溶いて半量をフライパンに流し込み（ポイントb）、好みの加減に火を通して、丼によそったご飯にのせる。同様にもう1回作る。

a-1　a-2
丼だしはすべての材料を鍋に入れ、中火にかける。2～3分煮て煮詰めてからふきんでしぼってこす。

b　ポイント
溶き卵は、煮立っている場所に数回に分けて流し入れる。

ごはん | Yoshiharu Doi's HOME COOKING RECIPE

土井レシピ 76

辛みのきいたカレーには、かぼちゃがよく合います。火の通りも早くて作りやすいカレーです。
▶ かぼちゃの旬は夏から秋です。よく熟した重いものを選びましょう。

かぼちゃのカレー

作り方

材料を切る
1
鶏肉は2cm角に切り、塩小さじ2/3で下味をつける。
玉ねぎは薄切りにする。
にんにく、しょうがはおろす。
かぼちゃは種とわたをとって2～3cm角に切る。
トマトはヘタをとって2cm角に切る。

炒める
2
煮込み鍋にサラダ油大さじ1、
バター20g、おろしたにんにく、しょうが、
玉ねぎを入れて火にかけ、
やさしいあめ色になるまで炒める（a）。
さらに小麦粉を入れて、粉に火を通すように炒める。
Aを加えてさらに炒める（b）。
ここで一度火を止める。

焼く
3
フライパンにサラダ油大さじ1を熱し、
鶏肉を焼き色がしっかりつくまで焼く（c）。

煮る
4
3を2の鍋に入れて、全体を混ぜながらなじませる。
さらに分量の水を4～5回に分けて加える。
鍋底の焦げなどをこそげ取りながら
しっかり煮立てる（ポイントd）。塩小さじ2/3をする。

5
かぼちゃ、トマトを加えて、15分ほど煮込む。
器にご飯とカレーを盛る。

材料 4人分

かぼちゃ	1/4個 (500g)
鶏もも肉	250g
玉ねぎ	1個 (250g)
にんにく	2片
しょうが	30g
トマト	1個 (150g)
小麦粉	大さじ3
A	
カレー粉	大さじ2
レッドペッパー	小さじ1
水	4カップ
ご飯	4人分

● 塩、サラダ油、バター

■1人分710kcal ■塩分1人分2.1g ■調理時間1時間

a 玉ねぎは強火で炒める。鍋底が多少焦げるのは旨味になるのでよい。

c 鶏肉にはしっかりと焼き色をつける。

b 小麦粉とカレー粉などを入れて、玉ねぎがほぐれてくるまで炒める。

d **ポイント** 水分を加えて、鍋底をきれいにこそげてなじませる。

調理の**狙い**は…

さっと煮込んで旨味を引き出し、かぼちゃの甘みで辛みを引き立てます。玉ねぎを強火で炒め、粉をしっかりと炒りつける。焼き色をつけることで旨味の濃いベースができあがります。

調理の狙いは…

さわやかな加減の酢をきかせたご飯と旨味の強い具を合わせることです。酢の風味が落ちないように、合わせ酢は煮立てません。固めに炊いた炊きたてのご飯に合わせます。冷たいうなぎは酒で温めてから加えます。

土井レシピ 77

Yoshiharu Doi's HOME COOKING RECIPE

人が大勢集まるときの「人寄せ料理」のひとつでもあります。人寄せ料理には、たくさん作っても安心で、おいしいものができる合理性があるからです。前もって作っておけば、お客様のあるときもバタバタしなくてすみます。▶常温でいただくお料理ですから、春から夏がおいしく感じられます。春のひな祭りには欠かせない主役になります。

ごはん

ちらしずし

材料 4人分

- 米 : 2カップ
- 干ししいたけ : 大3枚
- しいたけの戻し汁 : かぶるくらい
- 砂糖 : 大さじ3
- しょうゆ : 大さじ1
- うなぎの蒲焼き : 1本
- 酒 : 大さじ4
- 卵 : 3個
- さやいんげん : 適量

[すし酢]
- 米酢 : 1/3カップ
- 砂糖 : 大さじ3
- 塩 : 小さじ2

- 紅しょうが(せん切り) : 適量
- ●塩、サラダ油

■1人分540kcal ■塩分1人分4.6g ■調理時間40分
(米の吸水時間、干ししいたけを戻す時間を除く)

a 冷たいうなぎは、酒で温めておく。

c ポイント 木じゃくしで手早く切るようにご飯と混ぜ合わせる。ご飯に粘りを出さないように。

b 炊きたてのご飯にすし酢をかける。

d 具を混ぜ込んだら風をあてて、粗熱をとる。乾かないように、固くしぼったさらしふきんをかけておく。

作り方

1 米を炊く
米は洗ってざるにあげて、40分ほどおいて水分を吸水させながら表面の水けをきって洗い米とする(→P26)。
通常よりも1割少ない水加減をして炊く。

2 具の準備
[しいたけ] あらかじめ2～3時間かけて戻しておいた干ししいたけは、裏から厚みに切り込み(2本縦にそぎ切り)を入れ、表に返してせん切りにして、短く3～4等分に切る。鍋に入れてかぶるくらいのしいたけの戻し汁を入れて、砂糖としょうゆを加えて火にかけ、煮立てばアク取りをする。そのあと落としぶたをして中火以下の火で、ゆっくりと煮詰める。煮汁を少し残して煮上げる。
[うなぎ] うなぎの蒲焼きは、2つに渡して切り、小口切りにする。小鍋に入れて酒を加え、すし飯のできあがるタイミングに合わせて、中火でほぐし煮る(a)。
[錦糸卵] 卵はよく溶いて、塩少々をして、サラダ油少々をひいたフライパンで薄焼き卵を焼く。後、せん切りにする。
[さやいんげん] さやいんげんは色よくきちんとゆでて、水に取って冷まし、8mm幅に切る。

3 すし酢
すし酢の材料を鍋に合わせて、
ご飯の炊きあがりに合わせて温める。

4 すし酢と具を合わせる
ご飯が炊きあがれば、飯台にあけて、
温かいすし酢を合わせて(b)、
木べらで切るように混ぜる(ポイントc)。
次いで、しいたけの煮汁があまり入らないように、
具を混ぜ込む。うなぎを入れて混ぜ、
うちわであおぎながら、冷ます。
固くしぼったふきんをかけておく(d)。

5 盛る
平皿にご飯を盛り、錦糸卵を散らす。
さやいんげんを散らして、紅しょうがをのせる。

ごはん　　　　　　　　　　　Yoshiharu Doi's HOME COOKING RECIPE　土井レシピ

78

おかずがなくても、ご飯を炊きあげればよいので、楽ちんなお料理だと思っています。炊きあがりの待ち時間にはワインを楽しめます。▶一年中マーケットには貝がありますが、あさりなど貝類の旬は春です。しじみを使うこともできます。しじみの旬は夏と冬です。

パエリア

材料 4人分

米	3カップ
[具]	
海老（無頭）	8尾
あさり（殻つき）	400g
ベーコン（かたまり）	150g
玉ねぎ	1/2個（50g）
トマト	2個
にんにく	1片
レモンスライス	3〜4枚
赤ワイン	1¾カップ
水	2カップ
パプリカ（パウダー）	少々
サフラン	ひとつまみ

● 塩、こしょう、オリーブオイル

■1人分850kcal ■塩分1人分3.4g ■調理時間1時間
（米の吸水時間、あさりの砂出しの時間を除く）

作り方

1　下ごしらえ

米は洗ってざるに40分ほどあげて洗い米にする（→P 26）。
海老ははさみで殻に切り込みを入れて背わたを取り、
尾の先は切り取り（→P 59）、塩水で洗う。
あさりは砂出ししてこすり洗い、
ベーコンは1.5cm厚さに、
玉ねぎは1.5cm幅の半月切りにする。
トマトは半分に切り、にんにくは皮ごとつぶす。

2　フライパンでおいしいスープを作る

フライパンにオリーブオイル大さじ4を温め、
にんにく、玉ねぎ、海老の両面に焼き色をつけ、
塩小さじ1をする。
ベーコンも加えてさらに焼き、
あさりを入れて全体になじませる。
赤ワイン、分量の水、パプリカ、サフランを加えて煮立てる。
味を見て、塩、こしょう少々をする。
アクが出ればとる（ポイントa）。
海老とあさりを一度取り出し、あさりの貝殻は取り除く。

3　ごはんを炊く

煮汁が煮立ったところに洗い米を加え（b）、
混ぜながら煮立てて、しばらく強火でなじませる。
取り出した海老と、
さらにトマト、レモンを飾るように並べる。
ふたをしてきちんと煮立っていることを
確かめながら（c）、吹きこぼれない程度の中火で
30分ほど焼く。

a　ポイント 
具を煮ておいしいスープをとる。そのあと海老と貝殻を取り出す。

b 
おいしいスープが煮立ったところに洗い米を入れる。米に粘りが出にくい炊き方で作る。

c
取り出した海老、あさりの身、トマト、レモンを並べてふたをして蒸し煮にする。

仕上がりは、こんな風にお焦げができれば大成功。

調理の狙いは…

いつでも失敗のない正確な水加減と、おいしさのポイントになるお焦げを作ることです。
魚介とワインのおいしいスープに、洗い米（P26参照）を加えます。
米を入れる前に、スープの味見をしてください。
弱火で時間をかけて焼き、こんがりとしたお焦げを作ります。

土井レシピ 79 チャーハン

ごはん　Yoshiharu Doi's HOME COOKING RECIPE

おいしくご飯を焼くのがチャーハンです。プロのまねをしないで中火くらいでじっくり焼きます。
▶ 一年中、残った冷やご飯を利用して作れます。野菜の入ったみそ汁を添えるとよいでしょう。

調理の狙いは…

チャーハンのおいしさを理解して、油っこくしないこと、焼き飯の名のごとく風味よくご飯を焼くこと、仕上げにふわりとさせることです。熱い油に卵を一気に入れて油を吸わせます。卵に含まれた油でご飯を焼きます。混ぜすぎないでひと粒ひと粒を焼きつつもりで料理します。仕上げに湯(水分)を入れて蒸気の力でふわりとさせます。

材料 2人分

ご飯(冷やでも温でも)	300g
ねぎ	1/2本
にんじん	1/4本(50g)
帆立貝(缶詰)	1缶(内容量60g)
豚ひき肉	50g
卵	1個
しょうゆ	小さじ1
ごま油	小さじ1
グリンピース(冷凍)	適量

● 塩、ラードまたはサラダ油

■1人分512kcal　■塩分1人分2.5g　■調理時間20分

作り方

1　下ごしらえ
ねぎは細かく刻む。
にんじんは皮をむいてみじん切りにする。
帆立貝はざるにあげて缶汁をきる。

2　焼く
炒め油(ラード10gか、サラダ油大さじ2)を熱し、
ひき肉、にんじんを炒めて塩少々をし、取り出す。

3
炒め油を適量補い、強く熱して卵をほぐし炒める。
卵が固まらないうちにご飯を加えて(a)
合わせるように焼き炒め(ポイントb)、
塩小さじ1/2で味つける。
帆立貝を加えて炒め合わせ、さらに2を合わせる。
ねぎを加え、湯少々を加え、さらに炒める。

4
さっと湯に通したグリンピースを合わせ混ぜ、
鍋肌からしょうゆを加えて炒め、
さらに鍋肌からごま油を加える。

a　卵を入れて、すぐにご飯を加える。

b　ポイント　鍋に大きく広げて、ご飯粒のひと粒ひと粒を焼く。返したらまた焼く。

土井レシピ 80　Yoshiharu Doi's HOME COOKING RECIPE　ごはん

鶏肉をケチャップ味で炊き上げたチキンライスは、洋風炊き込みご飯です。▶洋風ですから、一年中おいしく作れます。季節の野菜のサラダやみそ汁を合わせます。

チキンライス／オムライス

調理の狙いは…

チキンライスとしても、オムライスを作るにしても、フライパンで一度にたくさんの炒めご飯を作るのは大変ですが、ピラフを炊飯器で炊けば合理的です。オムライスは、卵を焼いて、半熟程度になったところにチキンライスを縦に長く入れて、そのままフライパンをくるりと返して皿に受けます。

材料 4人分

米	2カップ
鶏もも肉	230g（1枚）
玉ねぎ	1/2個（120g）
にんじん	1/4本（60g）
しめじ	100g
にんにく	1片
トマトケチャップ	60g
水	洗い米と同量
グリンピース（冷凍）	適量

●塩、こしょう、サラダ油、パセリ

■1人分555kcal　塩分1人分3.2g
■調理時間15分（米の吸水時間、炊く時間と蒸らす時間を除く）

作り方

1　下ごしらえ
米は洗ってざるに上げ、40分ほどおき、洗い米とする（→P26）。

2
鶏肉は1cm角に切り、下味に塩小さじ2/3をしておく。玉ねぎ、にんじんは5mm角に切り、しめじはさばき、にんにくはみじん切りにする。

3　炒める
鍋にサラダ油大さじ1を温めてにんにくを入れ、香りが出れば鶏肉を入れて焼き色をつける。次に玉ねぎ、にんじんを入れて炒め（ポイントa）、さらにしめじを加え、塩小さじ1、こしょう少々をしてトマトケチャップを加え、炒りつける。

4　炊く
3に1、グリンピースを入れて全体になじませ、炊飯器に移し入れる。洗い米と同量の水を加えて、こしょう少々をして炊き上げる（b）。皿によそい、パセリを添える。

●オムライス（1人前）にも。

1
卵2個を、塩少々を入れて溶く。

2
フライパンにサラダ油大さじ1とバター10gを熱し、薄焼き卵を作り、チキンライス適量を入れて、包む。

卵が半熟のときに1人前のご飯を縦に置く。皿で受けてくるりと返して卵でくるむ。

ポイント

a 鶏肉、玉ねぎとにんじん。焼き色がついたら脇に寄せ、次の材料を入れて炒めることを繰り返す。

b チキンライスは炊き込みご飯。炊飯器で一気に炊き上げて作る。

Yoshiharu Doi's HOME COOKING RECIPE

土井レシピ 81

牛丼

調理の狙いは… シンプルな作り方であっても、しっかりコクのあるだし汁と見た目にもおいしそうな濃いおしょうゆの色を出すことです。かつおと昆布のしっかりとしただし汁に牛肉を合わせることで、強い味を作ります。たまりじょうゆを使うのは、その特性である色と旨味の濃さに比して塩分が少ないからです。

ごはん 大勢の食事を作るにも、これなら手間は同じです。残りは煮詰めれば、牛肉の時雨煮になります。▶一年中おいしくできます。季節の野菜のおひたしやみそ汁でバランスを整えます。

作り方

煮る準備
1. 鍋に5mm幅に切った玉ねぎ、食べやすく切った牛肉、さばいたしめじを入れ、しょうがのせん切りを散らす。

だし
2. だし汁の材料でだしをとり、1の鍋にこし入れて(a)煮る。煮立てばアクを取る。

煮る
3. 砂糖とたまりじょうゆを加え(ポイントb)、15分ほど煮込む。味を見て塩少々で味を調える。

盛る
4. 器にご飯を盛り、3をのせ、紅しょうがをのせる。

a 牛丼の具をすべて鍋に入れて、だし汁をそそいで煮始める。

b **ポイント** たまりじょうゆで味をつけることで、魅力的な色に仕上がり、コクも出る。

材料 4人分

牛切り落とし肉	300g
玉ねぎ	220g
しめじ	1パック (100g)
しょうが	1片 (60g)
[だし汁]	
水	4カップ
削りがつお	ひとつかみ
昆布	8cm
砂糖	大さじ5
たまりじょうゆ*(ふつうのしょうゆでも)	大さじ5
ご飯	4杯分
紅しょうが(せん切り)	適量
●塩	

■1人分595kcal ■塩分1人分3.6g ■調理時間25分

＊たまりじょうゆ
主に愛知、三重、岐阜を中心とした東海地方で生産されているしょうゆ。色が濃く、とろりとした濃厚なしょうゆで、佃煮、せんべいなどにも使用される。

PART 3 今日のごはん・めん・パスタ 他

土井レシピ **82**

Yoshiharu Doi's HOME COOKING RECIPE

ごはん

冷やご飯で雑炊を作るように、自由に作ってできたので、自由カレーと言っています。
▶最後に入れるにらは春から夏が旬ですから、温かい季節のお料理です。

自由カレー

調理の狙いは…

冷やご飯を手早く、しっとりとしたドライカレー風にしたてます。冷やご飯を加えたところに湯を入れて、ご飯を軽く煮て、さらに水分を飛ばしながら表面を焦がして焼き色を旨味にかえていきます。また、最後ににらを入れて歯切れをよくしてアクセントとします。

材料 2人分

冷やご飯	200g
鶏もも肉	100g
しょうが	15g
にんにく	1片
玉ねぎ	1個(130g)
トマト	1/2個(90g)
にら	1/2束(50g)
カレー粉	大さじ2/3
レッドペッパー	小さじ1/3
熱湯	3/4カップ
卵黄	2個分

● 塩、オリーブオイル

■1人分447kcal ■塩分1人分3.2g ■調理時間25分

a 熱湯を入れてご飯をよくなじませる。

b **ポイント** 水分を飛ばしながら焼き色をつける。混ぜてまた焼き色をつける。そうしておいしくしていく。

作り方

1 材料を切る

鶏もも肉は1cm角に切る。
しょうが、にんにくはおろす。
玉ねぎは粗みじんに、トマトは1cm角に切る。
にらは5mm幅の小口切りにする。

2 焼く

フライパンにオリーブオイル大さじ1を入れ、
しょうがとにんにくを加え、火にかける。
香りが出れば鶏肉を入れて焼き色がつくように
香ばしく炒め、塩小さじ1をふる。
さらに玉ねぎを加えて強火でこんがり焼き炒め、
カレー粉、レッドペッパーを入れて
全体をなじませる。

3 水分を飛ばす

2に冷やご飯を加え、分量の熱湯を入れて
なじませてから(a)トマトを加え、
焼いて水分を飛ばす(**ポイントb**)。
にらを加えてさらになじませ、味をみて塩少々を
加える。皿に盛り、卵黄をのせる。

Yoshiharu Doi's HOME COOKING RECIPE

土井レシピ 83 アスパラごはん

材料 2人分	
グリーン アスパラガス	2～3本（130g）
ご飯（炊きたて）	2杯分
●塩、サラダ油	

■1人分294kcal ■塩分1人分0.2g
■調理時間10分

ごはん　太いアスパラガスを直炒めすることで、濃い旨味が引き出されます。アスパラは、鍋をあまり動かさずに焼き色をつけて火を通し、塩をしてご飯にさっくり合わせます。▶アスパラは、春から初夏に出回ります。

作り方

1（下ごしらえ） アスパラガスは、根元が固ければ皮をむき、1cm幅に切る。

2（焼く） フライパンにサラダ油大さじ1/2を熱し、アスパラガスをしっかりと焼き色をつけて焼き（ポイント）、塩少々をする。

3（合わせる） 炊きたてのご飯にアスパラガスをさっくり合わせる。

ポイント アスパラはしっかりと焼き色がつくまで焼く。

土井レシピ 84 栗ごはん

材料 4人分	
栗	12個
米	2カップ
塩	小さじ1

■1人分376kcal ■塩分1人分1.5g
■調理時間10分（米の吸水時間、炊く時間と蒸らす時間を除く）

ごはん　これまではだし汁で炊いていましたが、今のお米はそれだけでおいしいので、栗をそのまま入れて塩味で炊き上げます。そのためにより栗のおいしさを実感できるでしょう。▶栗は9月の末から、10月半ばがベストシーズンです。

作り方

1（下ごしらえ） 栗は底を少し切り落とし、鬼皮をむく。そのあと渋皮を少しずつ薄くむく（ポイント）。米は洗ってざるにあげ、40分ほどおき、洗い米にする（→P26）。

2 むいた栗は4つ割りにする。

3（炊く） 洗い米と同量の水で水加減し、栗を加えて塩で味をつける。炊飯器でふつうに炊き上げる。

ポイント 鬼皮をはがすようにむいてから渋皮をむく。上手下手よりもしっかりむいて皮を取り去ることが大事。

土井レシピ 85 | Yoshiharu Doi's HOME COOKING RECIPE

ごはん

お刺身にするような魚をお茶漬けにするのですから、ちょっとぜいたくな料理です。漬け込んだ鯛（たい）はそのまま温かいご飯にのせてもおいしいくらいです。▶鯛は、夏場以外はおいしく食べられます。体が赤く「めでたい」に通じるのでお祝いの膳に使われることが多く、春は桜だい、秋は紅葉だいと呼ばれています。

鯛茶漬け

調理の狙いは…

アツアツのお茶をかけて、鯛の旨味を引き出すことです。
鯛の切り身は薄造りよりも厚く、
普通の平造りよりも薄くという感じで、切り出します。
調味料で"づけ"にすることで、鯛の水分が抜けて旨味が倍増します。
お茶はとくにアツアツを用意して、食べる時にかけます。

材料 2人分

鯛（上身）	120g
[つけじょうゆ]	
白ごま（炒って粗ずりにする）	大さじ2
しょうゆ	大さじ2
みりん	大さじ1
ご飯（炊きたて）	2人分
おろしわさび	適量
もみのり	適量
煎茶	大さじ1½
水	3カップ
塩	小さじ1/2

■1人分427kcal ■塩分1人分3.3g
■調理時間10分

作り方

1 漬け込む
鯛は5mm厚さほどの刺身状に切り（a）、
切ったものから器に盛り、
合わせたつけじょうゆを回しかけて合わせ、
5～6分おく。

2 お茶の用意
分量の水を沸かして
煎茶を入れ少し煮立たせ、
塩で味つけして（ポイントb）こす。

3 お茶漬けにする
茶碗に炊きたてのご飯をよそい、
鯛をのせ、つけじょうゆを適宜かけ、
わさびともみのりを添える。
熱い2をたっぷりとかけてふたをして
蒸らし、鯛に軽く火が通ったところを
ご飯となじませていただく。

a

b ポイント
鯛の厚みは3～4mmがおいしい。包丁を大きく動かして引き切りにする。

煎茶は煮出して塩で味をつける。アツアツを急須に移す。

今日のごはん・めん・パスタ PART 3

Yoshiharu Doi's
HOME COOKING RECIPE

調理の狙いは…

関西風のうどんのだし汁の風味のよさを出すことです。だし汁は、味の強い鯖（さば）ぶしと、香りよく穏やかな旨味の削りがつおを組み合わせてとることです。薄口しょうゆで味をつけた、澄んだだし汁はきれいなものです。

PART 3 今日のごはん・めん・パスタ他

土井レシピ **86**

Yoshiharu Doi's HOME COOKING RECIPE

めん

とったばかりのうどんだしは風味が生きて格別おいしいものです。できたてのおだしなんてなかなか味わえませんよ（笑）。▶一年を通じてよく作ります。もの足りない人のためにおにぎりを用意することもあります。季節の野菜の煮つけなどを取り合わせます。

きざみうどん

材料 4人分

［だし汁］
- 水 ： 8カップ
- 薄口しょうゆ ： ½カップ
- みりん ： ¼カップ
- 昆布（10cm角）： 1枚
- 削りがつお ： 15g
- 鯖（さば）ぶし ： 25g

- ゆでうどん ： 4玉
- 油揚げ ： 2枚
- おぼろ昆布 ： 適量
- 青ねぎ（斜め切り）： 適量
- 七味唐辛子 ： 好みで

■1人分384kcal ■塩分1人分5.9g ■調理時間15分

作り方

1 だしをとる
だし汁の材料をすべて鍋に入れ、中火にかける。煮立ったらアクをとり、5〜6分煮出してふきんでこす（ポイントa-1,2,3）。

2 煮る
鍋に1と細めの短冊に切った油揚げを入れ、ひと煮する。

3 うどんを温める
ゆでうどんを熱湯に入れて温め（b）、水けをきって、湯で温めておいた鉢に入れる。

4 盛る
2をたっぷりと注ぎ、おぼろ昆布、青ねぎをのせる。好みで七味唐辛子をふっていただく。

ポイント

a-1 自分でとっただしは香りが違う。うどんだしの場合、鯖ぶしを入れること、5〜6分煮出すことがポイント。濃厚でおいしいだしに。

a-2 / a-3 ふきんでこし取り、固くしぼってこす。

b うどんは温め、鉢は熱くしておく。

調理の狙いは…

固くないだんご、食べても飽きない香りのアクセントを作ります。粉はできるだけ混ぜないで作り、グルテンの働きを抑えます。ごま油を加えることで口当たりがよくなり、香りが粉の風味を引き立てます。もちろん、具だくさんのみそ汁にすいとんを落としても結構です。

粉

Yoshiharu Doi's HOME COOKING RECIPE

土井レシピ

87 すいとん

小腹のすいたときや夜食、ご飯が足りないときなどに、すいとんだけを食べるお料理です。
▶ いつでもおいしく食べられます。

材料 4人分

[すいとん生地]
- 小麦粉 : 150g
- 水 : 140ml
- ごま油 : 大さじ1/2

- せり : 1/2束

- しょうゆ : 適量
- 豆板醤 : 適量

■1人分157kcal ■塩分1人分0.7g ■調理時間15分

作り方

1 生地を作る

小麦粉に分量の水を数回に分けて加え、ざっくりと混ぜる（ポイントa）。
途中、ごま油を加える。

2 生地に火を通す

鍋に湯を沸かし、すいとん生地を一口大ずつ落とす（b）。
4〜5分煮て、生地に透明感が出てきて火が通ったら、5cm長さに切ったせりも入れてさっと火を通す。
すいとんとせりを器に盛り、ゆで汁をはる。
豆板醤を添えたしょうゆでいただく。

ポイント

a 水を数回に分けて入れ、さっくりとまとまる程度に混ぜる。粉は練らない。

b スプーン2本を使って形にまとめ、落とす。

土井レシピ 88

みそ煮込みうどん

Yoshiharu Doi's HOME COOKING RECIPE　めん

温まりたい時に食べたいうどんです。バランスもとれていますから、これだけでも満足です。
▶冬の根菜を使った涼しい季節のお料理です。

調理の狙いは…

さまざまな根菜類といっしょに生うどんを煮込むことで、渾然となったおいしさが生まれます。打ち粉がついたままの生うどんを煮込むと、煮汁に軽くとろみがつき、煮込みうどんならではの濃厚なおいしさが楽しめます。とろみがつくことで冬場も冷めにくく体が温まります。

材料 4人分

生うどん	300g
鶏もも肉	120g
大根	1/8本（100g）
にんじん	1/4本（50g）
油揚げ	1枚
里いも	2個（100g）
青ねぎ	1本
信州みそ	70g

[煮干しだし]

水	8カップ
煮干し（頭とわたを取って）	25g

七味唐辛子　：　適量

■1人分371kcal　■塩分1人分4.4g　■調理時間25分

作り方

1　材料を切る

鶏肉は一口大に切る。
大根とにんじんは皮をむき、3mm厚さくらいの短冊切りに、油揚げは1cm幅に切る。
里いもは皮をこそげて5mm厚さくらいの輪切りにする。
ねぎは1cm長さの斜め切りにする。

2　だし

鍋に分量の水と煮干しを入れて火にかける。
煮立てばアクを取り、5～6分煮てこす。

3　煮る

煮干しだしにねぎ以外の具材を入れて火にかける。
煮立てばアクを取り、
うどんをほぐしながら加える（ポイントa）。
再び煮立てばアクを取り、
7～8分煮てみそを溶く（b）。
そのあと2分ほど煮たらうどんのやわらかさをみて、ちょうどよければねぎを加えて火を止める。
器によそい、好みで七味唐辛子をかける。

ポイント

a　野菜とともに生うどんを直ゆです。

b　みそを溶いてさらに煮込むことで味がなじむ。

パスタ

Yoshiharu Doi's HOME COOKING RECIPE

土井レシピ 89

シンプルで懐かしいおいしさです。これにサラダがあればよい献立になります。
▶オーブン料理ですから、涼しい季節に作ります。オーブンでお部屋も暖まります。

マカロニグラタン

作り方

下ごしらえ

1
鶏肉は一口大に切って、塩、こしょうで
下味をつける（a）。玉ねぎは薄切りにする。

2
マカロニは表示通りの時間でゆでてざるに上げる。
くっつくようであればサラダ油少々をまぶす。

3
フライパンにバター10g、
サラダ油少々を熱して玉ねぎを炒め、
ついで鶏肉もこんがりと焼き炒め、ほぼ火を通す（b）。

ホワイトソースを作る

4
小鍋にバターを溶かし、煮立てたら小麦粉を入れて
よく炒りつけて（ポイントc-1）、牛乳を5～6回に分けて
少量ずつ注ぎ（c-2）、しっかり火を入れて滑らかなソースを作る。
途中で塩、こしょう、ナツメグで味をつける。

焼く

5
ホワイトソースに2、3を入れて混ぜ合わせる。
グラタン皿に4等分して入れ、4等分量のパン粉をかけ、
200～250℃のオーブンで＊10～15分こんがりと焼く。

＊すぐに焼く時はこのように高温のオーブンで焼くが、時間
を置いて冷めてから焼くときは、火を弱めて
時間をかけて焼き上げる。

材料 4人分

マカロニ ：100g
鶏もも肉 ：1枚（220g）

[下味]
塩 ：小さじ1/2
こしょう ：少々

玉ねぎ ：1/2個（120g）

[ホワイトソース]
バター ：50g
小麦粉 ：50g
牛乳 ：2½カップ
塩 ：小さじ1
こしょう、ナツメグ ：各少々

パン粉（→P33）：30g
（食パンをミキサーにかけたもの）

●バター、サラダ油

■1人分492kcal ■塩分1人分3.0g ■調理時間40分

ポイント
グラタンのおいしさはホワイトソースのできしだい。

a 主役の鶏肉には塩で下味をつける。

b 焼き色がつくような炒め方をすることで、玉ねぎから水が出ない。鶏肉にも焼き色をつける。

c-1 バターに小麦粉を入れたら、泡が沈むくらいまで火を入れる。

c-2 牛乳は5～6回に分けて加え、そのつどなじませ、しっかり火を入れ煮立てる。

PART 3 今日のごはん・めん・パスタ 他

調理の狙いは…

鶏肉とマカロニをホワイトソースの純粋なおいしさでくるみ、こんがり焼けたパン粉の風味を楽しみます。
ホワイトソースのおいしさが重要で、常にバター、ルーが煮立った状態で、粉、ついで冷たい牛乳を加えます。それによって粉に火が通り、牛乳のおいしさを最大限に引き出します。
パン粉はおいしい食パンから自家製で。チーズやオリーブオイルは用いないほうがおいしさが明確になります。

パスタ

Yoshiharu Doi's HOME COOKING RECIPE

土井レシピ

90 ナポリタン

昔なつかしいナポリタンです。イタリアンと言われることもあるようです。
▶通年おいしいです。

調理の狙いは…

単にケチャップ味の炒めスパゲッティとせず、さらに大人の味を引き出します。野菜は他の具とともに、ケチャップで先に焼き炒めて焦がします。スパゲッティはあとから加えます。先にスパゲッティを加えてケチャップで味つけるのでは、ケチャップの焼いた風味が得られません。

材料 4人分

スパゲッティ（1.7mm）	300g
玉ねぎ	2個（300g）
ソーセージ	3本（80g）
しめじ	100g
にんにく	1片
トマトピューレ	60g
トマトケチャップ	140g
赤ワイン	大さじ3
バター	20g
グリンピース（冷凍）	60g

●塩、こしょう、サラダ油

■1人分572kcal ■塩分1人分2.5g ■調理時間25分

作り方

1 材料を切る
玉ねぎは5mm厚さの薄切りにする。
ソーセージは1cm幅に切る。
しめじはさばく。にんにくはつぶして粗く刻む。

2 パスタをゆでる
たっぷりの熱湯に塩を多めに入れて
スパゲッティを表示時間通りにゆでる。
ざるにとり、サラダ油大さじ2をからめる。

3 炒める
大きめのフライパンにサラダ油大さじ1、
にんにくを入れて温めて香りを出し、
玉ねぎ、しめじを加えて
焼き色をつけて炒め（ポイントa）、塩少々をする。

4
ソーセージ、トマトピューレ、トマトケチャップを
加えて焼き炒め（b）、赤ワインを加える。
スパゲッティを加えてからこしょう少々をして、
バター、さっと湯に通したグリンピースを加えて、
全体になじませる。

ポイント

a 具材はフライパンに大きく広げて、焼き色がつくまで動かさない。

b トマトピューレ、トマトケチャップに火を入れて、赤色の発色が渋くなれば大人の味に。

PART.3 今日のごはん・めん・パスタ 他

土井レシピ 91

Yoshiharu Doi's HOME COOKING RECIPE　パスタ

スイスやイタリアの山の景色を思い出します。炭焼き人（カルボナーラ）が炭焼き小屋で手元にあるもので手軽に作ったお料理でしょう。黒こしょうを炭に見立てているらしいです。
▶季節を問わずおいしく食べられます。

カルボナーラ

調理の狙いは…

それぞれの素材の持つ意味を理解した上で調理して、味のバランスをとります。生クリームがソースのベースになります。チーズで味の強さを加減します。卵は加熱して味をつなぎまとめます。卵の火加減は弱火で少々時間をかけて熱くねっとりとした感じを出します。

材料 2人分（作りやすい分量）

スパゲッティ	160g
卵	2個
生クリーム	大さじ4
ベーコン	30g
パルメザンチーズ	20g
黒こしょう	少々
●塩	

■1人分616kcal ■塩分1人分2.0g ■調理時間15分

作り方

1 ●パスタをゆでる
たっぷりの熱湯に塩を多めに入れて（a）、スパゲッティを表示時間を参考にして（10分ほど）、固めにゆでる。

2 ●ソースの準備
鍋に卵を割り入れ、生クリーム、短冊切りにしたベーコン、チーズ、塩ひとつまみを混ぜ合わせておく。

3 ●ソースをからめる
スパゲッティがゆで上がれば、湯をきって2の鍋に入れ、中火弱の火で混ぜながら、軽く卵に火を通してソース状にしてからめ（ポイントb）、皿に盛り、黒こしょうをふる。

a ゆでるときの塩は、パスタの下味になる。多めの塩を入れる。

b ポイント　ソースはゆっくり火を通すことで、パスタにねっとりとからむ。また全体がアツアツになることも、おいしさには重要。

127

調理の狙いは:
ふわりとした生地を、
豚肉の脂で香ばしく焼き上げることです。
合わせた生地の素材を混ぜすぎないで、
ざっくりと合わせることで
粉の粘りを出さずに
ふわりと焼くことができます。
また分厚い鉄板や
フライパンで焼くことで、
粉に十分火が通り、
張りのある味に仕上がります。

PART 3 今日のごはん・めん・パスタ 他

土井レシピ 92 | Yoshiharu Doi's HOME COOKING RECIPE　　　　　　　　　　　粉

お好み焼きは手早くフライパンで作る即席料理でもあるのです。
何もない日、キャベツさえ刻めばすぐに作れます。
野菜がたっぷり食べられるバランスのとれたお料理です。▶季節を問わず作れます。

お好み焼き

[材料 2人分]

[生地]
- 小麦粉：90g
- やまといも：50g（正味）
- キャベツ：1/3個（340g）
- 青ねぎ：1本（50g）
- ちくわ：1本
- 紅しょうが（せん切り）：20g
- 卵：2個

[だし汁]
- 削りがつお：適量
- 鯖（さば）ぶし：適量

- 豚バラ肉：8枚
- 好みのソース：適量
- 青のり：適量
- トマトケチャップ：適量
- マヨネーズ：適量
- 練りがらし：適量
- 削りがつお：適量
- ●サラダ油

■1人分821kcal　■塩分1人分3.7g　■調理時間30分

[作り方]

● だし
1
鯖（さば）ぶし、削りがつおで、濃いだし汁をとる。

● 材料を切る
2
キャベツは粗いみじん切りに、青ねぎは小口切りにする。ちくわも粗く刻む。

● 生地の準備
3
ボウルにやまといもをすりおろし、1のだし汁1カップを合わせ、キャベツ、青ねぎ、ちくわ、紅しょうがを混ぜ合わせ、小麦粉を入れて、おたまでざっくりと混ぜる（a）。
焼く直前に生地の半量に
卵1個を割り入れて軽く混ぜる（ポイントb）。

● 焼く
4 ▼1枚ずつ作る

フライパンにサラダ油大さじ1を熱してなじませる。
生地を入れて軽く形づくり、豚肉4枚をならべてのせる。
ふたをして蒸し焼きにする（c）。
焼き色がついたら返して、ふたをしてさらに焼く。
10分〜12分くらいじっくり焼いて火を通す。十分に焼き色がついたら、再び返してできあがり（d）。これをもう1枚作る。
好みのソース、青のり、トマトケチャップ、マヨネーズ、練りがらし、削りがつおをかけていただく。

a　小麦粉を使う生地は、いつもさっくりと混ぜ合わせる。混ぜすぎると粘りが出て固くなる。

b　ポイント　最後に加える卵も、さっくりと混ぜる。混ぜムラがあるくらいでよい。

c　分厚いお好み焼きは、ふたをして、少し蒸し焼きにする。

d　仕上げにはふたをとって、カリッと焼き上げる。

Yoshiharu Doi's HOME COOKING RECIPE

土井レシピ 93

海老焼きそば

海老の香ばしさで焼きそばを作りました。野菜がたくさん食べられるお料理です。▶季節を問わず作れます。

調理の狙いは…

焼きそばの材料すべてをきちんと焼くことでおいしさが引き出されます。海老（えび）、中華麺、野菜それぞれに焼き色をつけて、そのつどそれぞれに塩を軽くします。最後に合わせて、ケチャップとトンカツソースで味を決めます。最後のソースが多くなるとソース味になってしまい単調です。食材を生かす塩がされていることを思って、ソース類は少なめに使うとすっきりするでしょう。

材料 4人分

中華麺（ゆで）	2玉
海老（無頭）	360g
キャベツ	1/2個（400g）
ピーマン	3個
にんじん	1/4本（50g）
トマトケチャップ とんかつソース	各30g
●塩、サラダ油	

■1人分404kcal ■塩分1人分2.9g ■調理時間25分

作り方

●下ごしらえ

1 海老は洗って殻をむいて（a）水けをふく。背側に包丁で切り込みを入れて、背わたを除いて、塩小さじ1をする。

2 キャベツは細い短冊切りに、ピーマン、にんじんは4cm長さの細切りにする。

●焼く

3 フライパンにサラダ油大さじ2を熱して、海老を両面焼いて、一度取り出す。サラダ油大さじ1を補い、中華麺を入れて焼き色をつけてほぐし、軽く塩をして炒め、一度取り出す。サラダ油大さじ1を補い、にんじん、ピーマン、キャベツを入れて炒める（ポイントb）。塩少々をする。

●味をつける

4 海老と中華麺を戻し合わせて、トマトケチャップ、とんかつソースで味をつける。

ポイント

a 海老の殻は、水の中でむくとむきやすい。冷凍海老の臭みも消える。最後に水けをふきとる。

b たくさんの野菜と中華そばは別々に焼く。強火で焼き色をつけるのは、水けを出さないコツ。

土井レシピ 94 冷やし中華

Yoshiharu Doi's HOME COOKING RECIPE

調理の狙いは…

暑い日の食べものとして冷たくてすっきりと軽く、しかも満足できる味わいです。合わせ調味料は薄口しょうゆを使うことで、難しい味加減が決まります。具はきれいに切りそろえることで麺とのなじみがよく、味に変化を生んで、冷やし中華の魅力を何倍にもふくらませます。

めん

夏のお料理ですから、すっきり、さっぱりしたいと思います。具をきれいに整えるとご馳走です。▶夏に作りましょう。

材料 4人分

中華麺（生）	3玉
[具]	
きゅうり	1本
もやし	150g
卵	2個
しいたけのうま煮＊	4枚

＊しいたけのうま煮の作り方（8枚分）
干ししいたけは2〜3時間かけてやわらかく戻し、戻し汁2カップ、砂糖大さじ3、しょうゆ大さじ1½で煮る。

ハムまたは焼豚	100g
紅しょうが（せん切り）	20g
[かけ汁]	
薄口しょうゆ、酢	各大さじ8
砂糖	大さじ3
二番だし	2カップ（→P137）
ごま油	大さじ1
しょうがのしぼり汁	20g
練りがらし	適量
●塩、サラダ油	

■1人分458kcal ■塩分1人分8.0g ■調理時間20分
（しいたけのうま煮を作る時間、かけ汁を冷やす時間を除く）

作り方

●具の用意

1. ［きゅうり］板ずりして斜め薄切りにしてならべ、太めのせん切りにする。
［もやし］ひげ根を取り除き、ゆでてざるにあげ、塩少々をふって冷ます。
［錦糸卵］卵はよく溶いて塩少々をし、サラダ油をひいたフライパンで薄焼き卵を焼く。あと、せん切りにする。
［しいたけのうま煮］せん切りにする。
［ハム］太めのせん切りにする。

●かけ汁と麺の準備

2. かけ汁の材料を混ぜ、冷たく冷やす。

3. 中華麺をたっぷりの熱湯でゆで、水にとり、流水でもみ洗いして氷水でしめる（ポイント）。

●盛る

4. 器に麺を盛り、きゅうり、もやし、錦糸卵、しいたけのうま煮、ハム、紅しょうがを盛り、かけ汁をかけ、練りがらしを添える。

ポイント ゆでた麺は、十分に冷たく冷やす。冷たさが大切。

今日の汁・スープ

Yoshiharu Doi's HOME COOKING RECIPE

PART 4

レシピ No. 95 » 97

PART 4 今日の汁

土井レシピ 95

Yoshiharu Doi's HOME COOKING RECIPE

具だくさんのみそ汁の洋風版です。女性ならこれだけで軽いランチにしてもよいくらいにバランスがとれています。▶通年、季節の野菜をなんでも使って作れます。野菜の種類や分量で、毎回違う味になりますが、どれもおいしくできます。

汁

野菜スープ

調理の狙いは…
野菜と水だけでおいしさを引き出すことです。小さく切った野菜は、少し量が少なくなるくらいまで強火で煮ることで油を乳化させて、とろみを出します。

材料 4人分

- 野菜いろいろ : 900gほど
  - トマト、じゃがいも
  - かぼちゃ、玉ねぎ
  - キャベツ、にんじん
  - ブロッコリー
  - さやいんげん
- 水 : 4カップ
- ●塩、オリーブオイル

■1人分154kcal ■塩分1人分1.0g ■調理時間30分

a
煮くずれないものはすべて先に入れて炒める。煮くずれやすいかぼちゃやトマトは、水分といっしょに加えて煮始める。

b ポイント
野菜スープは強火で煮ることで、オリーブオイルと水分が乳化してスープがとろりとおいしくなる。

作り方

1 材料を切る
野菜はすべて1cm角くらいに切る。トマト、かぼちゃ、じゃがいもは他の野菜と分けておく。

2 炒める
鍋にオリーブオイル大さじ2を熱し、トマト、かぼちゃ、じゃがいも以外の野菜を炒める。塩小さじ2/3をして、しんなりとするまで強火で炒める。

3 煮る
分量の水を加え、トマト、かぼちゃ、じゃがいもを入れて(a)、煮立ったらアクをとり、さらに10分ほど強火で煮る(ポイントb)。

調理の狙いは…

具だくさんのみそ汁のおいしさは、さまざまな具とみその風味の渾然としたおいしさです。
具の少ないみそ汁は、みそを溶いて煮えばなをいただくことで風味のよさを味わいますが、具だくさんのみそ汁の場合は、みそを溶いてからしばらくいっしょに煮込むことで味わいがなじみ、さらにおいしくなります。

土井レシピ 96

Yoshiharu Doi's HOME COOKING RECIPE

汁

具だくさんのみそ汁は、汁ものとおかずの両方の役割を果たします。これにご飯だけでもバランスのとれた食事となります。▶季節の野菜を、残りものでもかまいませんから、なんでも入れて作ってください。"ごった煮"っぽくなったとしても、みその濁りがほどよく隠してくれます。

具だくさんのみそ汁

材料 4人分

落とし卵のみそ汁 じゃがいも、油揚げ、三つ葉入り

卵	: 4個
じゃがいも	: 1個(150g)
油揚げ	: 1枚
三つ葉	: 1/3束
二番だし(→P137)	: 3½カップ
みそ	: 大さじ3 (50g)

■1人分161kcal ■塩分1人分1.9g ■調理時間10分

豚バラ肉とにらのみそ汁

豚バラ薄切り肉	: 150g
にら	: 1束(100g)
二番だし(→P137)	: 3½カップ
みそ	: 大さじ3 (50g)

■1人分178kcal ■塩分1人分1.8g ■調理時間8分

かぼちゃと玉ねぎ、ベーコンのみそ汁

かぼちゃ	: 1/8個(150g)
玉ねぎ	: 1個(120g)
ベーコン(薄切り)	: 4枚
二番だし(→P137)	: 3½カップ
みそ	: 大さじ3 (50g)

■1人分133kcal ■塩分1人分2.0g ■調理時間10分

作り方

●落とし卵のみそ汁　じゃがいも、油揚げ、三つ葉入り
鍋にだし、じゃがいも(5mm厚さ)、
油揚げ(短冊切り)を入れて煮る。
じゃがいもがやわらかくなれば、みそを溶き入れる。
さらに煮立ったところに卵を落として(ポイントa)
三つ葉を入れ、卵に好みの加減で火を通す。

●豚バラ肉とにらのみそ汁
鍋にだし、豚肉(4cm長さ)を入れて煮る。
煮立ったらアクを丁寧にすくい、3分ほど煮て
肉の旨味がよく出たところでみそを溶き入れる。
にらを加え(ポイントb)、ひと煮立ちさせる。

●かぼちゃと玉ねぎ、ベーコンのみそ汁
鍋にだしを入れて、かぼちゃ(5mm厚さ)、
玉ねぎ(薄切り)、ベーコン(1cm幅)を入れて煮る。
かぼちゃがやわらかくなれば、みそを溶き入れる。

a ポイント 
[落とし卵]卵は1個ずつ器に割り、鍋中の煮立っているところにそっと入れる。好みの固さまで煮る。

b ポイント 
おいしく作るために、先に煮込んで火を通すものと、最後に入れる具がある。入れるタイミングは明確に。にらは、みそを溶いたあとにサッと火を通す。

調理の狙いは…
卵が固くならないようにやわらかく火を通します。卵を加えるときの煮立ち加減が大切です。静かに煮立ったところに数回に分けて入れることです。煮立ちが強すぎるところに加えると口当たりの固い卵になります。数回に分けて加えるのは、汁の温度が下がると濁るからです。

Yoshiharu Doi's HOME COOKING RECIPE

土井レシピ **97**

かき玉汁

こってりとしたおかずには、みそ汁でないほうがよいときがあります。作り方はシンプルですが、慎重に作らないとおいしくできません。▶通年おいしい。

材料 4人分

卵	2個
二番だし（→P137）	3½カップ
塩	小さじ1弱
薄口しょうゆ	小さじ1
水溶き片栗粉（水：片栗粉＝2:1）	大さじ1/2
三つ葉	1/3束

■1人分63kcal ■塩分1人分1.8g ■調理時間5分

作り方

● 準備

1 卵は溶く。

● 火入れ

2 鍋にだしを温めて、塩と薄口しょうゆで味つけする。

● 煮る

3 煮立ったら火を弱め、2をおたまで混ぜながら水溶き片栗粉を加えてとろみをつける。火を強めて煮立てる。

4 再び火を弱めて煮立ちを少し抑え、溶き卵を菜箸に沿わせながら少しずつ流し入れる（ポイント）。卵がふくらむ程度に火を通す。三つ葉を加える。

ポイント

だし汁が静かに煮立ったところに、溶き卵を箸に沿わせて細く流し入れる。煮立ちが止まれば少し待って、煮立ったところにまた流し入れる。

+1 COLUMN 04

だし汁

by Yoshiharu Doi

　ご存じと思いますが、和食のおだしは大きく分けて、2種類あります。それは一番だしと二番だしです。一番だしは、お吸いもの専用のだし汁です。お吸いものはお澄ましとも言いますが、お祝いなど特別な日にいただくことが多いです。特別な日には普段と違って、女の子は着飾って"おすまし"します。その「おすまし」からきているのでしょう。

　日本は水の国です。清らかで豊かな水が稲作文化を築き、稲作によって国づくりをしました。米作りの元となる水を守るために、神社をつくって水源となる山を守りました。そのために私たちの暮らしでは、特別に「水」との関わりを大切にするのです。だから、澄んだ「水」の象徴のようなお吸いものを一番大切に考えるわけです。私たちはおいしいお料理をいただいたとき、「おだしがおいしい」ということを最上のほめ言葉とします。料理人はだし昆布とかつお節を吟味し、よい水を求めて、「自分のだしの味」を競うように追求するのです。とりあえず、一番だしとは何かということを知っておいていただければよいかと思います。

　話がおおごとになりましたが、安心してください。この本ではお料理屋さんなら一番だしで作るかき玉汁や茶碗蒸しも、二番だしで作っています。こだわらなければ、自分で作った二番だしで、十分においしくできるからです。そういう意味で、二番だしは家庭料理なら煮もの、汁もののすべての料理に使うことができるおだしのことです。

二番だし

　和食のだし汁の多くは、昆布とかつお節で作ります。昆布もかつお節も乾物です。かつお節を薄く削ったのが削りがつおです。削りがつおと昆布を鍋に入れて、かぶるくらいの水を注いで、火にかけて煮立てばアクを取って、ふきんでこせばできあがりです。少しくらいクズが入ってもよい場合は、さっと網ざるでこせばよいと思います。難しく考えないで、自分でだしを取ってください。手作りしていただきたいと思います。

- 削りがつおのほかに、おうどん（P121）で使った鯖（さば）節や鰯（いわし）節というのもあります。少し魚のにおいが強いと思われるかもしれませんが、慣れればおいしいものです。他に、煮干しのだし汁もあります。
- それをいろいろミックスしてもいいのです。その時の都合や好みでだしをとってください。
- ペットボトルに入れれば、冷蔵庫で3〜4日は取りおけますから、便利です。

●家庭のだしの取り方はとても簡単です。

材料　できあがり：4½カップ　　●昆布：8〜10cm角 1枚　●削りがつお：20g　●水：5カップ

1 すべての材料を鍋に入れる。

2 中火にかけて煮立ててアクを取る。

3 固くしぼったさらしふきんでギュッとしぼりこす。

今日のおやつ

Yoshiharu Doi's HOME COOKING RECIPE

PART 5

レシピ No. 98 » 100

PART.5 家庭のおやつ

土井レシピ **98**

Yoshiharu Doi's HOME COOKING RECIPE

おやつ

ほんのり甘いおやつです。手作りのおやつは何よりも安心して食べることができます。
▶さつまいもは秋に収穫されて保存されますので、通年おいしく作れます。

大学いも

調理の狙いは…

しっとりとやわらかく蜜をしみ込ませるように仕上げることです。下ゆですることで水分を程よく残して火を通し、油で揚げることで味をふくらませて、蜜でからめるように煮ます。

材料 2人分

さつまいも	1本（300g）

[あめ煮の煮汁]

水	1/3カップ
ざらめ砂糖	80g
薄口しょうゆ	小さじ1
白炒りごま	大さじ1

●揚げ油

■1人分417kcal ■塩分1人分0.5g ■調理時間15分

作り方

1 下ごしらえ
さつまいもは天地を切り落とし、口当たりをよくするため適当に皮をむいて、2cm角の棒状にする。水にさらしてアク抜きする。

2 ゆでる
熱湯にさつまいもを入れて2～3分ゆでてざるに上げ水けをきる。完全に火を通すのではなく、透き通ればよい。

3 揚げる
小さめのフライパンに1cmほど揚げ油を入れて弱火にかけ、160℃くらいまで温める。2を入れて2分ほど揚げる。金串を打ってやわらかさを確かめる（a）。バットに取り出して、フライパンの油を除く。

4 煮る
フライパンに分量の水を入れて温め、ざらめ砂糖、薄口しょうゆを入れ、いもを入れて煮る。静かに煮立てて煮詰めて、ときどき混ぜながら、あめをからめて（ポイントb）、炒りごまを加えて仕上げる。バットに薄くサラダ油（分量外）を塗ったところに、あめ煮を広げる。

a　金串を打って、さつまいものやわらかさを確認する。

b　ポイント　煮汁をからめながら、いもを返して煮詰めていく。

おやつ

Yoshiharu Doi's HOME COOKING RECIPE

土井レシピ **99**

フレンチトースト

固くなったパンがあれば、私はフレンチトーストかパン粉にしてしまいます。
卵液に漬ければ、あとは焼くだけですからよく作ります。
▶朝食に作りますから、サラダや野菜スープ、つけ合わせには塩けのあるかりかりベーコンもよく合います。

調理の狙いは…
卵液を含ませたパンをやわらかくふっくらと蒸し焼きにし、表面をカリッとキャラメリーゼすることです。前の日に漬け込んでいなくても、パンに牛乳を先に含ませると呼び水になり、卵を含みやすくなります。焼くときはごく弱火にして蒸し焼きにすると、ふっくらとパンがふくらむほどにやわらかく火が通ります。仕上げに砂糖をふった上にバターを溶かし、パンを転がすようにします。

材料 2人分
▲作りやすい分量

バゲット	：	1/2本
牛乳	：	3/4カップ
砂糖	：	大さじ2⅔
卵	：	2個

●バター

■1人分441kcal ■塩分1人分1.5g ■調理時間15分

作り方

1 切る
バゲットは3cm厚さに切る。

2 浸す
牛乳に砂糖を混ぜバゲットを浸して、
2〜3回返しながら含ませる。
次に溶き卵を加え（ポイントa）、
返しながら含ませる。

3 焼く
フライパンにバター20gを熱し、
バゲットを弱火で焼いてふたをして、
焼き色をつけて返し（b）、
再度ふたをして5〜6分焼いて焼き色をつける。

4
バゲットに砂糖大さじ2（分量外）をふりかけ、
バター10gを溶かしてなじませ、
キャラメル状に色づけて全体にからめる。

ポイント

a 牛乳を含ませたあとに卵を加える。牛乳が呼び水になって卵が早くしみ込むため。

b ふたをして弱火で蒸し焼きに。ふっくらとふくらめばきつね色に焼き色がついている。返してふたをしてふんわりと焼く。

PART 5 家庭のおやつ

土井レシピ 100

Yoshiharu Doi's HOME COOKING RECIPE

おやつ

手作りのトマトのデザートです。たまにはちょっと家族が驚くようなものを作るのもよいことです。
見た目もきれいですが、食べてもびっくりです。
▶夏の熟したトマトで作ってください。

トマトのシロップ煮

調理の狙いは…

トマトをスプーンで食べられるくらいにやわらかく、トマトの風味を生かして甘くなりすぎないように仕上げます。トマトをシロップの中に沈めて蒸すことで、煮詰まらず、そのままのシロップの甘さを含ませることができます。やわらかく蒸し上げて、さらに2日ほどおいたほうが味がなじみます。

材料 ▲作りやすい分量

トマト（完熟） ： 8個（800g）

[シロップ]
砂糖 ： 200g
水 ： 3カップ

■全量920kcal ■塩分全量0.0g ■調理時間35分
（味を含ませる時間を除く）

作り方

1 ●下ごしらえ
トマトはヘタを取り、皮を湯むきする（a）。

2
鍋にシロップの水を煮立て、砂糖を溶かす。

3 ●蒸す
蒸し器に入る大きさのボウルを用意し、トマトを並べて2のシロップ全量を注ぎ入れる。ボウルにガーゼをかけ、蒸し器に入れて強火で25分蒸す（ポイントb）。

4 ●味を含ませる
蒸し上がったら、ふたをあけて、ボウルごと取り出しそのまま冷ます。粗熱がとれたら冷蔵庫で保存する。すぐにでも食べられるが、2～3日おいた頃がよくなじんでおいしい。

a 
トマトの湯むきは、煮立ったところに、トマトを1～2個ずつ入れる。一度に全部入れると温度が下がってしまう。

b **ポイント** 
蒸すことで煮汁が煮詰まらず、煮くずれず、やわらかく火が入る。

材料別 料理さくいん

- おもな素材から料理が探せます。
- レシピの通し番号（01〜100）をレシピ名の前に、ページ数をレシピ名の後に記載しています。
- 各項目の料理名は掲載順です。

レシピ番号 ▼　　　　　　　　　　ページ ▼
00　料理名　　　　　　　　　　　P.000

肉・肉加工品

■牛肉
- 05　肉じゃが　P.14
- 11　牛肉とにんにくの茎のオイスターソース炒め　P.28
- 17　ビーフシチュー　P.39
- 24　牛大根　P.46
- 42　里いもと牛肉の煮ころがし　P.71
- 44　大根と牛肉の炒めもの　P.73
- 45　肉ごぼう　P.74
- 81　牛丼　P.116

■鶏肉
- 01　鶏のから揚げ　〜2種の味つけで〜　P.6
- 20　手羽先のにんにくしょうゆ焼き　P.42
- 26　キムチ鍋　P.48
- 41　筑前煮　P.70
- 52　じゃがいも、にんじん、玉ねぎの煮もの　P.81
- 65　茶碗蒸し　P.96
- 74　親子丼　P.107
- 76　かぼちゃのカレー　P.108
- 80　チキンライス　P.115
- 82　自由カレー　P.117
- 88　みそ煮込みうどん　P.123
- 89　マカロニグラタン　P.124

■豚肉
- 06　豚肉のしょうが焼き　P.16
- 08　煮豚　P.20
- 12　ポークチャップ　P.30
- 15　酢豚　P.36
- 16　豚肉の黒酢煮　P.38
- 18　豚キャベツのみそ炒め　P.40
- 19　スペアリブの直がつお煮　P.41
- 26　キムチ鍋　P.48
- 40　いか豚　P.67
- 64　ゴーヤーチャンプル　P.94
- 70　豚バラ肉のおから　P.100
- 95　豚バラ肉とにらのみそ汁　P.134

■ひき肉
・合びき肉
- 02　ハンバーグ　P.8
- 66　おかずオムレツ　P.97

・牛ひき肉
- 13　メンチカツ　P.32
- 25　ロールキャベツ　P.47
- 69　チリコンカン風煮豆　P.99

・鶏ひき肉
- 21　鶏そぼろ　P.43
- 51　小かぶと鶏だんごのスープ煮　P.80

・豚ひき肉
- 14　ピーマンの肉詰め　P.34
- 27　ワンタン　P.49
- 62　麻婆豆腐　P.90
- 79　チャーハン　P.114

■鶏レバー
- 22　鶏肝の香味煮　P.44
- 23　レバにら炒めの卵とじ　P.45

▼肉加工品

■ウインナー
- 90　ナポリタン　P.126

■ハム
- 74　春雨サラダ　P.104
- 94　冷やし中華　P.131

■ベーコン
- 10　クラムチャウダー　P.24
- 43　べーじゃが　P.72
- 47　野菜のフライパン蒸し　P.76
- 48　ラタトゥイユ　P.77
- 78　パエリア　P.112
- 96　かぼちゃと玉ねぎ、ベーコンのみそ汁　P.134

魚介・魚介加工品

■あさり
- 78　パエリア　P.112

■いか
- 40　いか豚　P.67

■いわし（鰯）
- 30　鰯の蒲焼き　P.54
- 37　鰯のおろし煮　P.64
- 38　鰯のしょうが煮　P.65

■海老
- 32　海老チリ　P.58
- 65　茶碗蒸し　P.96
- 78　パエリア　P.112
- 93　海老焼きそば　P.130

■かに
- 31　かに玉　P.56

■きんめだい（金目鯛）
- 04　金目鯛の煮つけ　P.12

■さば（鯖）
- 39　鯖のみそ煮　P.66

■サーモン
- 34　サーモンのピカタ　P.61

■さんま（秋刀魚）
- 35　秋刀魚のぎょうざ　P.62
- 36　秋刀魚のカレー天ぷら　P.63

■たい（鯛）
- 28　鯛の昆布蒸し　P.50
- 85　鯛茶漬け　P.119

■たこ
- 56　きゅうりとたこの酢のもの　P.85

■たら
- 26　キムチ鍋　P.48

■ぶり（鰤）
- 03　鰤の照り焼き　P.10
- 29　鰤大根　P.52

■まぐろ（鮪）
- 33　鮪のカルパッチョ　P.60

▼魚介加工品

■あさり缶
- 10　クラムチャウダー　P.24

■うなぎの蒲焼き
- 77　ちらし寿司　P.110

■ツナ缶
- 54　白菜とツナのクリーム煮　P.83

■帆立貝缶
- 79　チャーハン　P.114

野菜・野菜加工品

■かぶ
- 51　小かぶと鶏だんごのスープ煮　P.80
- 57　小かぶの漬けもの　P.86

■かぼちゃ
- 50　かぼちゃの直がつお煮　P.79
- 76　かぼちゃのカレー　P.108
- 96　かぼちゃと玉ねぎ、ベーコンのみそ汁　P.134

■キャベツ
- 06　豚肉のしょうが焼き　P.16
- 18　豚キャベツのみそ炒め　P.40
- 25　ロールキャベツ　P.47
- 92　お好み焼き　P.128

■きゅうり
- 49　ポテトサラダ　P.78
- 56　きゅうりとたこの酢のもの　P.85
- 74　春雨サラダ　P.104
- 94　冷やし中華　P.131

■栗
- 84　栗ごはん　P.118

■グリーンアスパラガス
- 83　アスパラごはん　P.118

■ごぼう
- 09　精進揚げ　P.22
- 41　筑前煮　P.70
- 45　肉ごぼう　P.74
- 46　きんぴら　P.75

■ゴーヤー
- 64　ゴーヤーチャンプル　P.94

■さつまいも
- 09　精進揚げ　P.22
- 98　大学いも　P.139

■里いも
- 17　ビーフシチュー　P.39
- 42　里いもと牛肉の煮ころがし　P.71
- 88　みそ煮込みうどん　P.123

■さやいんげん
- 09　精進揚げ　P.22
- 77　ちらし寿司　P.119

■ししとう
- 41　筑前煮　P.70

■じゃがいも
- 05　肉じゃが　P.14
- 07　ポテトコロッケ　ねぎみそソース　P.18
- 10　クラムチャウダー　P.24
- 43　べーじゃが　P.72
- 49　ポテトサラダ　P.78
- 52　じゃがいも、にんじん、玉ねぎの煮もの　P.81

142

73 ひじきの五目煮	P.103	
86 きざみうどん	P.120	
88 みそ煮込みうどん	P.123	
96 落とし卵のみそ汁	P.134	

■おから
70 豚バラ肉のおから　P.100

■高野豆腐
71 高野豆腐のオランダ煮　P.101

■豆腐
59 ほうれん草の白あえ　P.88
62 麻婆豆腐　P.90
64 ゴーヤーチャンプル　P.94

米・小麦粉・パスタ・パン・めん

■米
75 親子丼　P.106
76 かぼちゃのカレー　P.108
77 ちらし寿司　P.110
78 パエリア　P.112
79 チャーハン　P.114
80 チキンライス／オムライス　P.115
81 牛丼　P.116
82 自由カレー　P.117
83 アスパラごはん　P.118
84 栗ごはん　P.118
85 鯛茶漬け　P.119
87 すいとん　P.122
92 お好み焼き　P.128

■米・小麦粉
37 すいとん　P.122
92 お好み焼き　P.128

■パスタ
89 マカロニグラタン　P.124
90 ナポリタン　P.126
91 カルボナーラ　P.127

■パン
99 フレンチトースト　P.140

■めん
86 きざみうどん　P.120
88 みそ煮込みうどん　P.123
93 海老焼きそば　P.130
94 冷やし中華　P.131

その他

■こんにゃく・しらたき
05 肉じゃが　P.14
41 筑前煮　P.70

■ちくわ
74 春雨サラダ　P.104

■てんぷら
53 白菜とてんぷらの炊いたん　P.82

■豆
69 チリコンカン風煮豆　P.99

■春雨
74 春雨サラダ　P.104

■ひじき
73 ひじきの五目煮　P.103

■ほうれん草
59 ほうれん草の白あえ　P.88
60 ほうれん草のおひたし　P.89
61 ほうれん草のごまあえ　P.89

■もやし
74 春雨サラダ　P.104
94 冷やし中華　P.131

■やまといも
92 お好み焼き　P.128

■ゆでたけのこ
15 酢豚　P.36
31 かに玉　P.56

■れんこん
09 精進揚げ　P.22
41 筑前煮　P.70
73 ひじきの五目煮　P.103

■いろいろな野菜
47 野菜のフライパン蒸し　P.76
58 野菜と卵のピクルス　P.87
97 野菜スープ　P.133

▼野菜加工品

■切り干し大根
72 切り干し大根の煮もの　P.102

■トマト缶
69 チリコンカン風煮豆　P.99

■白菜キムチ
26 キムチ鍋　P.48

卵・豆腐製品

■卵
21 煮卵　P.43
23 レバにら炒めの卵とじ　P.45
31 かに玉　P.56
33 鮪のカルパッチョ　P.60
34 サーモンのピカタ　P.61
49 ポテトサラダ　P.78
58 野菜と卵のピクルス　P.87
63 卵コロッケ　P.92
64 ゴーヤーチャンプル　P.94
65 茶碗蒸し　P.96
66 おかずオムレツ　P.97
67 卵焼き　P.98
68 だし巻き卵　P.98
74 春雨サラダ　P.104
75 親子丼　P.107
77 ちらし寿司　P.111
78 パエリア　P.112
79 チャーハン　P.114
82 自由カレー　P.117
91 カルボナーラ　P.127
92 お好み焼き　P.128
94 冷やし中華　P.131
96 落とし卵のみそ汁　P.134
97 かき玉汁　P.136
98 フレンチトースト　P.140

▼豆腐製品

■油揚げ
72 切り干し大根の煮もの　P.102

63 卵コロッケ　P.92
66 おかずオムレツ　P.97
95 落とし卵のみそ汁　P.134

■春菊
28 鯛の昆布蒸し　P.50

■ズッキーニ
48 ラタトゥイユ　P.77

■大根
24 牛大根　P.46
29 鰤（ぶり）大根　P.52
37 鰯（いわし）のおろし煮　P.64
44 大根と牛肉の炒めもの　P.73
88 みそ煮込みうどん　P.123

■玉ねぎ
05 肉じゃが　P.14
10 クラムチャウダー　P.24
12 ポークチャップ　P.30
15 酢豚　P.36
48 ラタトゥイユ　P.77
52 じゃがいも、にんじん、玉ねぎの煮もの　P.81
76 かぼちゃのカレー　P.108
81 牛丼　P.116
82 自由カレー　P.117
90 ナポリタン　P.126
95 かぼちゃと玉ねぎ、ベーコンのみそ汁　P.134

■トマト
48 ラタトゥイユ　P.77
76 かぼちゃのカレー　P.108
78 パエリア　P.112
82 自由カレー　P.117
100 トマトのシロップ煮　P.141

■なす
09 精進揚げ　P.22
48 ラタトゥイユ　P.77
55 なすの田舎煮　P.84

■にら
23 レバにら炒めの卵とじ　P.45
82 自由カレー　P.117
95 豚バラ肉とにらのみそ汁　P.134

■にんじん
10 クラムチャウダー　P.24
15 酢豚　P.36
17 ビーフシチュー　P.39
41 筑前煮　P.70
52 じゃがいも、にんじん、玉ねぎの煮もの　P.81
70 豚バラ肉のおから　P.100
73 ひじきの五目煮　P.103
88 みそ煮込みうどん　P.123

■にんにくの茎
11 牛肉とにんにくの茎のオイスターソース炒め　P.28

■ねぎ
07 ポテトコロッケ　ねぎみそソース　P.18

■白菜
26 キムチ鍋　P.48
53 白菜とてんぷらの炊いたん　P.82
54 白菜とツナのクリーム煮　P.83

■ピーマン
14 ピーマンの肉詰め　P.34
15 酢豚　P.36
93 海老焼きそば　P.130

■ブロッコリー
10 クラムチャウダー　P.24
17 ビーフシチュー　P.39

料理・文
土井善晴

撮影
尾田　学

スタイリング
しのざきたかこ

料理アシスタント
平澤陽介
土井規代
おいしいもの研究所

装丁・本文デザイン
修水 [Osami]

カロリー・塩分計算
滝口敦子

企画・編集
姥　智子 [学研プラス]

土井善晴
Yoshiharu Doi

1957年（昭和32年）大阪府生まれ。
父・勝、母・信子ともに料理研究家。芦屋大学教育学部卒業。
スイスとフランスでフランス料理を、
帰国後に大阪の「味吉兆」で日本料理を修業。
「おいしいもの研究所」代表。
●十文字大学特別招聘教授、甲子園大学客員教授、
東京造形大学非常勤講師、学習院女子大学講師、
元早稲田大学非常勤講師。

料理がわかれば 楽 しくなる、おいしくなる

土井善晴のレシピ100
Yoshiharu Doi's HOME COOKING RECIPE

2012年 3月27日　初版第1刷発行
2021年 6月21日　　第23刷発行

著者／土井善晴
発行人／中村公則
編集人／滝口勝弘

発行所／株式会社　学研プラス
〒141-8415　東京都品川区西五反田2-11-8
印刷所／大日本印刷株式会社

●この本に関する各種お問い合わせ先
本の内容については、下記サイトのお問い合わせフォームよりお願いします。
　　https://gakken-plus.co.jp/contact/
在庫については　Tel 03-6431-1250（販売部）
不良品（落丁、乱丁）については　Tel 0570-000577
　学研業務センター　〒354-0045 埼玉県入間郡三芳町上富279-1
上記以外のお問い合わせは　Tel 0570-056-710（学研グループ総合案内）

© Yoshiharu Doi／Gakken　Printed in Japan

本書の無断転載、複製、複写（コピー）、翻訳を禁じます。
本書を代行業者などの第三者に依頼してスキャンやデジタル化することは、
たとえ個人や家庭内の利用であっても、著作権法上、認められておりません。

●複写（コピー）をご希望の場合は、下記までご連絡ください。
日本複製権センター
https://jrrc.or.jp/
E-mail:jrrc_info@jrrc.or.jp
R＜日本複製権センター委託出版物＞

●学研の書籍・雑誌についての新刊情報・詳細情報は、下記をご覧ください。
学研出版サイト　https://hon.gakken.jp/